ISBN 978-3-649-63821-6

© 2021 Coppenrath Verlag GmbH & Co. KG,
Hafenweg 30, 48155 Münster
Textsatz & grafische Gestaltung: Thomas Wolters, Internetlitho
Textsammlung: Stefanie Schweizer
Redaktion: Anna Louisa Duckwitz

www.coppenrath.de

Auf die Plätze, fertig... Pause!

Mit Illustrationen
von Johanna Ries

COPPENRATH

Inhalt

Björn Kern

Kleine Morgenmeditation

In bester Absicht habe ich mich an den Rechner gesetzt und warte nun geduldig, dass er hochfährt. Solange er hochfährt, kann ich leider nicht arbeiten. Ich schaue durchs Fenster. Da es geregnet hat, stehen die Felder in leichtem Nebel. Am Birnbaum taumelt ein abgeknicktes Blatt, das sich auch bei stärkeren Böen nicht vom Ast löst, Tag für Tag trotzt es dem Wind. Genau in dem Moment, in dem der Rechner hochgefahren ist, lichtet sich draußen der Nebel, die Sonne bricht durch. Sofort verlasse ich das Haus. Ich bin nicht gläubig und nicht spirituell. Aber es scheint mir unanständig, die Schönheit draußen nicht anzunehmen, die sich auflösenden Nebelbänder über dem Feld, das Reh, das davonspringt, sobald ich die Tür öffne, den Reiher, der am aufklarenden Himmel kreist.

Vor dem Rechner zu bleiben, das ist, als würde man in eine Ausstellung gehen, sich aber keines der Bilder ansehen. Zu Recht wäre der Künstler enttäuscht. Auch ich wäre enttäuscht, wenn ich die Schönheit des Oderbruchs geschaffen hätte, die Bewohner des Oderbruchs aber nur vor dem Rechner säßen. Ich würde mir eine Strafe für jede vor dem Rechner verbrachte Stunde ausdenken. Hier eine Sehnenscheidenentzündung, dort ein Bandscheibenvorfall.

Ich stehe. Ich staune. Ich atme.

Das Reh verharrt, begreift mich nicht mehr als Gefahr, nähert sich wieder den Ähren, gelbrotes Fell vor rotgelbem Korn. Es wittert, macht halt, senkt den Hals, erst zur Probe, dann ein zweites Mal, sieht zu mir herüber, als bitte es um Erlaubnis. Endlich zupft es den ersten Strohhalm hervor.

Schönheit muss man sich leisten können?

Zeitlich? Finanziell?

Das habe ich auch lange gedacht. Doch es ist höchste Zeit, mit diesem weitverbreiteten Irrtum aufzuräumen. Der Genuss der Schönheit ist nicht nur günstig und jedem von uns zugänglich, sondern auch immerzu möglich. Grundlage dafür: gelingendes Nichtstun. Wie sich diese Grundlage schaffen, pflegen und nach und nach erweitern lässt, steht in diesem Buch. Geld benötigen Sie jedenfalls nicht dafür.

Einige meiner Nachbarn verwechseln mein morgendliches Nichtstun mit Faulheit. Tatsächlich aber ist es Ausdruck von Hochachtung, wenn nicht von Verehrung. Ich tue nicht nichts, um nicht zu arbeiten, sondern ich arbeite nicht, um die Bank am Grundstücksende von Morgentau zu befreien, ein erstes Bier darauf zu trinken, in die Weite zu schauen, auf den schwirrenden Punkt, der nicht oben, nicht unten ist, und aus Gründen der Ehrfurcht einmal nichts zu tun. Vor einem Bandscheibenvorfall hat mich diese kleine Morgenmediation bislang bewahrt.

Nicht alle Nachbarn haben dafür Verständnis, dass ich bei schwindendem Nebel gerne mit einer Bierflasche auf meiner Holzbank sitze, auch wenn es gerade zehn Uhr morgens und zufällig Montag ist. Seltsamerweise ist mir das gesammelte Verständnis gewiss, wenn ich das Bier am Samstagabend um acht trinke. Der Unterschied leuchtet mir nicht recht ein.

Horst Evers

Mehr vom Tag

Dienstagvormittag. Stehe nur in T-Shirt und Unterhose in der Wohnung meines Nachbarn und putze die Fenster. Warum tue ich das? Wie konnte es nur so weit kommen? Kurz zusammengefasst könnte man sagen: Gibt so Tage. Tatsächlich jedoch war die Geschichte etwas komplizierter.

Dienstagmorgen, 6:13 Uhr. Das Telefon klingelt. Ich schrecke auf, greife zum Wasserglas neben dem Bett, nehme einen Schluck, reiße mit den Hörer ans Ohr und versuche, mich so freundlich, wie ich um diese Zeit nur kann, zu melden.

– *Bäääahrr.*

Nur ein Blubbern in der Leitung. Spüre, wie mir das kalte Wasser aus dem überlaufenden Ohr über die Schulter, Brust, T-Shirt und Unterhose läuft. Mache das Licht an. Auf dem Nachttisch liegt der abgesabberte Telefonhörer. Das mittlerweile leere Wasserglas, das ich mir immer noch ans rechte Ohr halte, macht mir gleich schlechte Laune. Führe das Telefon zum linken Ohr und versuche es noch mal:

– *Bäääahrr?*
– *Einen wunderschönen guten Morgen! Mit wem
 spreche ich?*
– *Häh?*
– *Bitte?*
– *Warum wollen Sie das wissen?*
– *Na, weil alle unsere Hörer doch wissen möchten,
 wer gleich 500 Euro gewinnen kann, weil er mir
 den Sender nennt, der ihn jeden Morgen mit dem
 besten und witzigsten Frühstücksradio der Stadt so
 wunderbar weckt.*
– *Ach so. Na, na, ich heiße … na, ich …*

Verdammt. Vor 8 Uhr morgens kann ich mich nie an
meinen Namen erinnern. Wie oft bin ich schon aus
irgendeinem Grund gegen 7 aufgewacht und hab dann
stundenlang überlegt, wer ich wohl sein könnte. Der
Wohnungseigner? Ein Gast? Ein Einbrecher, der während des Einbruchs überraschend eingeschlafen ist?
Oder womöglich nur ein Haustier? Hund, Katze,
Hamster oder so was. Das wäre mir eigentlich das
Liebste gewesen, denn dann würde ich ja wohl gleich
gefüttert werden. Super!

War aber nie. Spätestens um 10 Uhr musste ich dann
immer wegen Durst aufstehen. Deshalb hab ich jetzt
auch ein Wasserglas neben dem Bett stehen. Dann

kann ich länger denken, ich bin nur das Haustier, und der drohende Tag verliert seinen Schrecken.

Aber jetzt brauche ich Informationen zu meinem Namen. Renne mit dem schnurlosen Hörer aus der Wohnung und schaue auf mein selbst gemachtes Klingelschild.

– *Eppers. Ich heiße Hobst Eppers oder so ähnlich, weiß auch nicht… Mist, meine Handschrift ist wirklich schwer zu entziffern.*

– *Schön, Herr Eppers, heute ist Ihr Glückstag.*

– *Glückstag? Echt? Juhu, ich freue mich so. Glückstag.*

Ein Windstoß erfasst die Wohnungstür und wirft sie ins Schloss. Stehe barfuß, mit nassem T-Shirt und Unterhose im Hausflur. Mir wird kalt. Egal, davon lass ich mir die gute Laune nicht verderben. Singe sinnlos säuselnd vor mich hin:

– *Glückstag. Glückstag.*

– *Und jetzt, Herr Eppers, sagen Sie mir noch, welches das beste und witzigste Frühstücksradio der Stadt ist, und Sie haben 500 Euro gewonnen!*

– *Oh, ääh, Moment, äääh…*

Klingel beim Nachbarn Sturm. Muss Zeit gewinnen.

– *Der Sender, kein Problem, hör ich ja jeden Morgen, Sie sind echt super, echt, auch die Musik, Sie*

machen ja auch Musik, ne, aber wissen Sie wahr-
scheinlich ja selbst, beim Sender ...

Der Nachbar öffnet. Stürze wortlos an ihm vorbei,
werfe mich vors Radio und drücke die Sender durch.
Sobald es eine laut pfeifende Rückkopplung gibt, hab
ich gewonnen.

– *Tut mir leid, Herr Eppers, Ihre Zeit ist abgelaufen.*

– *Horst, vergiss es.*

– *Horst? Wieso Horst? Ich denke, ich heiße Hobst.*

– *Nein, Horst, mal dir mal ein neues Klingelschild.*
Deine Handschrift ist echt unter aller Sau. Hier ist
Peter.

– *Peter? Seit wann bist du denn beim Radio?*

– *Bin ich nicht. Ich bin nur einmal wach geworden*
und konnte nicht mehr einschlafen. Da dachte ich
mir, machste das Beste draus, rufste den Horst an
und bringst den mal frühzeitig auf Touren. Dann
hat der auch mal mehr vom Tag.

Noch saurer als ich war nur mein Nachbar. Später hat
er mir dann doch Zange und Schraubenzieher gelie-
hen, damit ich zurück in die Wohnung konnte. Aber
erst nachdem ich ihm, so wie ich war, die Fenster
geputzt hatte. Dabei hat er Fotos gemacht, mit denen
er mich seitdem erpresst. Sieht so aus, als sollte ich von
diesem Tag wirklich noch so richtig viel mehr haben.

Hans Rath

Gott ist erfinderisch
(Auszug)

Ich erwache in einem winzigen Krankenzimmer. Mühsam richte ich mich auf. Kommt mir vor, als hätte ich überall Muskelkater, selbst in Regionen meines Körpers, wo ich niemals Muskeln vermutet hätte. Was ist mit mir passiert? Ich schaue zum Fenster und stelle fest, dass es dunkel wird. Hatte der Tag nicht eben erst angefangen? Seltsam.

Ich teile das Zimmer mit zwei alten Männern. Der eine schnarcht leise, der andere liegt mit weit geöffnetem Mund da und gibt keinen Mucks von sich. Würde die Bettdecke sich nicht im Rhythmus der Atemzüge heben und senken, könnte man den Kerl glatt für tot halten. Mein Blick fällt auf einen winzigen Fernseher, der an der gegenüberliegenden Wand unterhalb der Decke klebt. Sieht aus, als hätte jemand versucht, ihn so aufzuhängen, dass man möglichst wenig vom Fernsehprogramm erkennen kann. Gerade läuft stumm ein Fußballspiel. Könnte auch Eishockey sein.

Ein leises Knarren. Die Tür öffnet sich und das ebenso dezent wie sorgfältig geschminkte Gesicht meiner Mutter erscheint.

„Er ist wieder unter den Lebenden", sagt sie zu jemandem, den ich nicht sehen kann. „Du musst später rauchen gehen, Schatz."

„Schon okay", antwortet die Stimme hinter der Tür. Es ist mein Bruder Jonas.

Ein paar Sekunden später stehen die beiden am Kopfende meines Bettes.

„Was ist passiert?", will ich wissen. „Und warum seid ihr beide hier?"

Mutter runzelt vorwurfsvoll die Stirn, dann wendet sie sich zu Jonas. „Hab ich es nicht gleich gesagt? Er wird es uns nicht danken. Wie üblich."

„Was danken?", frage ich und ärgere mich darüber, dass Mutter in der dritten Person über mich spricht, während ich anwesend bin. Obwohl sie weiß, dass es mich auf die Palme bringt, macht sie das regelmäßig. Ihr strafender Blick trifft mich.

„Wir haben stundenlang in dieser schrecklichen Cafeteria gehockt und darauf gewartet, dass du endlich aus dem Koma aufwachst. Wir waren schon ganz krank vor Sorge."

„Koma? Was denn fürn Koma?"

Jonas macht eine beschwichtigende Handbewegung und bedeutet mir mit einem Seitenblick, dass unsere Mutter ein wenig übertreibt. Auch das macht sie regelmäßig.

„Es gab Komplikationen bei deiner OP", erklärt Jonas. „Dein Leben stand auf Messers Schneide. Um ein Haar hätten sie dich verloren."

Die Information dringt nur langsam in mein Bewusstsein.

Zugleich spüre ich ein seltsames Unbehagen. Ich habe nicht die geringste Erinnerung an die letzten Stunden. Vermutlich hätte ich meinen eigenen Tod verschlafen. Vorsichtig betaste ich meine Nase. Ich erinnere mich nun wieder an Abel Baumann, die Kellnerin und meinen doppelten Knockout.

„Keine Sorge. Sie haben alles wieder gut hinbekommen", erklärt Jonas.

„Aber du musst uns jetzt hoch und heilig versprechen, dass du mit dem Trinken aufhörst", sagt Mutter theatralisch.

Ich blicke fragend zu Jonas, der zuckt ahnungslos mit den Schultern.

„Einer Mutter kann man nun mal nichts vormachen", fährt sie fort. „Ich weiß doch, dass die meisten Komplikationen bei einer Vollnarkose auftreten, weil es sich bei den Patienten um schwere Alkoholiker handelt. In solchen Momenten kommt die Wahrheit dann eben doch ans Licht."

Ich seufze. „Mutter, ich bin kein Alkoholiker."

„Da habe ich aber von Ellen was ganz anderes gehört. Dem Inhalt deines Kühlschrankes nach zu schließen, ernährst du dich von Billigwein."

Hätte ich mir ja denken können, dass sich die beiden längst ausgetauscht haben. Meine Exfrau und meine Mutter verstehen sich nämlich blendend. Kein Wunder, denn charakterlich gleichen sie sich wie ein Ei dem anderen. Ich habe ein paar Jahre gebraucht, um zu begreifen, dass ich mit Ellen quasi meine Mutter geheiratet habe, psychologisch gesehen. Das ist zwar schrecklich, aber nachvollziehbar. Ein Therapeut ist ebenso wenig gegen Neurosen gefeit wie ein Zahnarzt gegen Karies. Wobei dieser Vergleich hinkt, weil Zahnschmerzen meist nach ein paar Tagen vorbei sind, während eine neurotische Ehe gerne mal sieben Jahre dauern kann.

„Ellen wollte übrigens auch kommen. Sie hat versucht, ihre Termine zu verschieben. Hat aber nicht geklappt. Sie lässt dich grüßen. Wenn du willst, dann holt sie dich morgen ab." Mutter zieht ihr Smartphone hervor und entriegelt es mit einem Wisch. „Soll ich ihr simsen?"

„Nein", sage ich. „Und wieso kann ich nicht sofort raus? Mir geht's gut."

„Sie wollen dich noch eine Nacht hierbehalten", antwortet Jonas. „Ist nur zur Beobachtung."

„Also ich würde auch keine Nacht länger als nötig in diesem alten, zugigen Kasten bleiben", erklärt Mutter und zupft an ihrer Kurzhaarfrisur. „Wobei ich gesehen habe, dass in den picobello renovierten Einzelzimmern für die Privatpatienten sogar Plasmafernseher hängen."

„Wie schade, dass ich kein Privatpatient bin", erwidere ich. „Einen Plasmafernseher hätte ich auch gern gehabt, als ich im Koma lag."

Mutter verzieht ihre schmalen Lippen zu einem spöttischen Lächeln. „Vielleicht kann dir ja dein Bruder eine Nacht in der gehobenen Zimmerkategorie spendieren."

„Mutter! Bitte!", wirft Jonas mit gespielter Empörung ein. In Wahrheit könnte er stundenlang zuhören, wenn sie ihn über den grünen Klee lobt.

„Wusstest du eigentlich, dass die Bank ihm einen äußerst lukrativen Job in Übersee angeboten hat?"

Ich nicke Jonas anerkennend zu. „Nein. Aber gratuliere. Und wo da genau in Übersee?"

„Was spielt denn das für eine Rolle?", blafft Mutter.

„Ich finde, es ist schon ein Unterschied, ob er künftig an der Wall Street sitzt oder irgendwo in den Anden."

„Weder noch", erwidert Jonas herablassend. „Sie wollen, dass ich dabei helfe, eine Investmentbank in Florida aufzubauen."

Wäre Arroganz ansteckend, müsste mein Bruder jetzt auf die Quarantänestation. Und zwar zusammen mit unserer Mutter.

„Florida", wiederhole ich und pfeife anerkennend. „Das ist doch ein Paradies für Rentner, habe ich gehört. Magst du Mutter nicht mitnehmen? Ihr könntet abends am Strand sitzen, Hummer essen und über mich lästern."

„Schon klar, dass du mich loswerden willst", erwidert Mutter. „Aber ich bleibe natürlich in Berlin. Erstens würde ich unseren Familiensitz nie im Leben verkaufen, und zweitens kümmert sich eine Mutter immer besonders um jenes Kind, das ihr die größten Sorgen bereitet. Bei Jonas weiß ich, dass er seinen Weg gehen wird. Er ist noch nicht mal vierzig, hat einen guten Job und verdient eine Menge Geld. Es würde mich außerdem nicht wundern, wenn er uns bald eine hübsche Amerikanerin vorstellt …"

„Mutter, ich habe schon verstanden, dass ich dein Problemkind bin", unterbreche ich. „Aber besten Dank für die vielen verletzenden Details."

„Gern geschehen", entgegnet Mutter mit einem eiskalten Lächeln.

„Deine Befürchtungen sind übrigens unbegründet", fahre ich fort. „Ich komme gut allein zurecht und habe nicht die Absicht, dich um Hilfe zu bitten."

Mutter zieht verächtlich Luft durch die Nase. „Du kommst allein zurecht? Da höre ich aber ganz andere Geschichten. Ellen hat mir erzählt, du kannst die Miete nicht bezahlen, weder für das Apartment noch für die Praxis. Außerdem scheinen dir die Patienten nicht gerade die Bude einzurennen." Sie seufzt bedeutungsvoll.

„Ein Glück, dass dein Vater das nicht miterleben muss. Er würde sich ganz bestimmt…"

Ein energisches, kurzes Klopfen lässt sie verstummen. Dann öffnet eine korpulente Krankenschwester schwungvoll die Tür und verkündet: „Ich bitte jetzt alle Besucher mal kurz auf den Flur. Es dauert nur ein paar Minuten. Vielen Dank!"

Die Visite erspart mir Mutters Vortrag über all jene Enttäuschungen, die ich meinem Vater glücklicherweise nicht mehr zumuten muss, weil er vor fünf Jahren das Zeitliche gesegnet hat. Man könnte sagen: in weiser Voraussicht. Knapp vor seinem Siebzigsten ereilte ihn ein Herzinfarkt. Kein ungewöhnliches

Schicksal für einen ebenso arbeitsbesessenen wie unsportlichen Alkoholiker. Wobei Vaters tägliche halbe Flasche Scotch oder Brandy nie als Alkoholismus bezeichnet werden durfte. Da er ausnahmslos nach 17 Uhr trank und nie Anzeichen eines Rausches zeigte, galten seine acht bis zehn doppelstöckigen harten Drinks am Tag offiziell immer als kultivierte Variante des Feierabendbierchens.

Routiniert verteilt die Krankenschwester Medikamente. Meine Bettnachbarn bekommen randvolle Tablettenboxen, nach Tageszeiten sortiert. Auf mein Tischchen stellt sie einen kleinen Plastikbecher mit zwei Pillen darin.

„Nur ein mittelschweres Schmerzmittel. Reine Vorsichtsmaßnahme, falls Ihnen heute Nacht die Nase wehtun sollte."

„Danke", sage ich.

Sie nickt und zieht mit den Worten „Der Arzt ist auch gleich da" die Tür ins Schloss. Ich kann für den Bruchteil einer Sekunde Mutter sehen, die gerade auf Jonas einredet. Bestimmt schildert sie ihm meine desolaten Lebensumstände und spart nicht mit düsteren Farben und apokalyptischen Wendungen. Seit Vaters Tod muss ich mir regelmäßig von ihr anhören, dass ich als Psychotherapeut und Stütze der Gesellschaft eine herbe Enttäuschung bin. Mutter glaubt, dass ich in Vaters viel zu große Fußstapfen treten wollte. Psychologisch gesehen ist das ein Totschlagargument, weil alle Kinder zunächst einmal in die Fußstapfen ihrer Eltern treten wollen. Die Frage ist nur, ob man dem vorgezeichneten Weg dann später wirklich folgt oder davon abweicht.

Ich gebe zu, in meinem Fall scheinen die Dinge klar auf der Hand zu liegen. Mein Vater ist der berühmte Psychologe Bartholomäus Jakobi. Sein Buch über die verkaufspsychologische Wirkung der Spektralfarben gilt als Standardwerk und hat ihm zunächst wissenschaftliche Anerkennung eingebracht, dann diverse Gastprofessuren und damit schließlich eine große Villa in Berlin-Zehlendorf. Obwohl Mutter nicht müde wird, das Haus als unseren Familiensitz zu bezeichnen, lebt sie dort seit Jahren allein und weigert sich, zumindest einen Teil des viel zu großen Anwesens unterzuvermieten.

Erneut wird die Tür geöffnet, und jener schlaksige Typ mit ungesunder Hautfarbe, der sich mir letzte Nacht als Dr. Kessels vorgestellt hat, erscheint.

„Hallo! Wie geht es Ihnen?"

Ich zucke mit den Schultern. „Danke. Eigentlich ganz gut."

„Das freut mich", sagt er und hustet heiser. „Tut mir leid, dass Sie noch bis morgen hierbleiben müssen, aber ich möchte kein Risiko eingehen. Sonst sterben Sie womöglich ausgerechnet heute Nacht, und dann heißt es wieder, ich hätte die OP verbockt."

„Und? Haben Sie sie verbockt?", frage ich launig.

„Natürlich habe ich sie verbockt", erwidert er und schielt auf meinen Becher mit Schmerztabletten.

„Anfängerfehler. Ich habe der Narkoseschwester eine falsche Anweisung gegeben. Ist aber nur passiert, weil ich seit fast fünfzig Stunden auf den Beinen bin."

„Hört sich an, als müssten Sie den Laden allein schmeißen", werfe ich ein.

„Sagen wir so: Das aktuelle Gesundheitssystem ist nicht gerade arbeitnehmerfreundlich." Er lässt meine Pillen nicht aus den Augen.

„Eine würde ich Ihnen abtreten", sage ich. „Die andere brauche ich vielleicht noch selbst."

„Hey! Das ist aber nett von Ihnen! Danke!" Er fischt eine der Pillen aus dem Plastikbecher und schiebt sie sich in den Mund. „Sie müssen sich jedenfalls keine Sorgen machen. Ich bin sicher, morgen früh ist alles überstanden. Und Ihre Nase dürfte auch wieder wie neu werden."

„Was genau ist denn eigentlich mit mir passiert?", frage ich.

Er öffnet die Pillenschachtel meines Bettnachbarn und pickt sich ein paar Tabletten heraus, als wären es Erdnüsse. „Nichts Besonderes. Ihr Herz ist stehen geblieben."

„Oh", erwidere ich verblüfft.

„Nur ein paar Minuten."

„Ehrlich gesagt klingt das für mich ziemlich lange."

„I wo!", erwidert er und wirft sich seine gesammelten Pillen in den Mund. „Es klingt dramatischer, als es ist. Stimmt schon, in gewisser Weise waren Sie eine kurze Weile tot. Und vor zweihundert Jahren wären Sie es wohl auch geblieben." Er lacht kurz auf und hustet ein paarmal. „Aber für uns heute ist das Routine. Kein Grund zur Panik."

„Dann ist es ja ein hübscher Zufall, dass ich noch am Leben bin."

„Das ist die richtige Einstellung!", entgegnet er und wendet sich zur Tür. „Ich muss zurück in den OP. Komplizierte Herzgeschichte. Wir sollten ihm beide die Daumen drücken. Kann ich noch was für Sie tun?"

Ich will schon den Kopf schütteln, da fällt mir doch noch etwas ein. „Draußen stehen ein Kerl um die vierzig und eine ältere Dame mit kurzen, dunklen Haaren.

Könnten Sie denen bitte sagen, dass ich Ruhe brauche und jetzt nicht mehr gestört werden darf?"

Er lächelt. „Familie, was? Kein Problem. Ich wimmel die beiden ab."

Marc-Uwe Kling

Prolog im Wohnzimmer

Ding Dong. Ich klingele. Die Tür wird geöffnet, und ich stehe einem Känguru gegenüber. Das Känguru blinzelt, kuckt hinter sich, schaut die Treppe runter, dann die Treppe rauf. Kuckt geradeaus. Ich stehe immer noch draußen.

„Hab meinen Schlüssel vergessen", sage ich.

Das Känguru gähnt.

„Hello again", sagt es, macht ein Peace-Zeichen und schlurft zurück ins Wohnzimmer. Erschöpft schleife ich meine Gitarre und meinen Koffer in unsere Wohnung.

Das Känguru liegt schon wieder in seiner Hängematte im Wohnzimmer und summt vor sich hin. Ich lasse mich auf die Couch fallen. Der Boxsack hängt noch an gewohnter Stelle, beim Nevermind-Poster fehlt immer noch der obere rechte Reißnagel, und ich glaube, selbst der leere Pizzakarton liegt noch an derselben Stelle wie vor meiner Abreise.

„Frag mich, wie's auf Tour war", sage ich.

„Wie war's auf Tour?", fragt das Känguru.

„Nun ja", sage ich. „Ich war ja mit der Band unterwegs, und gestern sind wir in Ober-Nieder-Gummersberg aufgetreten, und ich habe unter anderem so ein altes Straßenkampflied gesungen, *Wer hat uns verraten? Sozialdemokraten!*, und erst im Nachhinein hab ich festgestellt, dass fast das komplette Publikum aus der SPD-Ortsgruppe bestand."

„Und?"

„Die wollten partout nicht mitsingen", sage ich und kicke eine leere Schnapspralinenpackung in Richtung Pizzakarton. „Dabei habe ich die mehrfach aufgefordert."

„Hättest lieber mal vorneweg ein bisschen Marktforschung gemacht", sagt das Känguru. *„Wer hat uns verraten? Christdemokraten!* reimt sich doch genauso gut."

„Ja", sage ich. „Ich muss mich einfach noch mehr als Dienstleister verstehen."

„Kann dir doch egal sein, was du singst", sagt das Känguru. „Die Leute haben bezahlt. Also sing gefälligst, was sie hören wollen."

„Weißt du", sage ich, „das Komischste war … Es hat denen überhaupt nicht gefallen, was wir auf der Bühne gemacht haben. Aber die haben die ganze Zeit brav geklatscht."

„Das sind die so gewohnt von ihren Parteitagen", sagt das Känguru.

Ich schalte mit der Fernbedienung Fernseher und Videorekorder an. Bud Spencer jagt Terence Hill über den Strand und bewirft ihn mit Kokosnüssen.

„Und was hast du so gemacht?", frage ich.

„Ich habe gerade in der Hängematte Paul Lafargues *Das Recht auf Faulheit* gelesen und bin dabei eingedöst", sagt das Känguru.

„Du hast den ganzen Tag verpennt?", frage ich, hänge die Füße über die Rückenlehne der Couch und lasse meinen Kopf nach unten baumeln. Seit das Känguru den Fernseher repariert hat, steht das Bild nämlich auf dem Kopf.

„Ich habe nicht geschlafen", sagt das Känguru.

„Ich habe mich nur geschont. Außerdem habe ich den ganzen Morgen damit verbracht, eine Not-to-do-Liste zu erstellen."

„Bitte was?"

„Eine Liste mit Sachen, die ich als schlecht für mich, für andere oder für die Umwelt einstufe. Heute Abend werde ich alles markieren, was ich nicht gemacht habe. Und das wird mir ein gutes Gefühl geben."

„Und so lange bleibst du in der Hängematte liegen?", frage ich.

„Ist nicht viel anderes übrig geblieben."

Terence Hill ist schneller als Bud Spencer. Mir wird schwindelig. Ich habe zu viel Blut im Kopf.

„Statt immer mit dem Kopf nach unten rumzuhängen, könnten wir auch einfach den Fernseher umdrehen", sage ich.

„Mach doch", sagt das Känguru.

„Später."

Mein Blick fällt auf das schiefe Regalbrett, von dem früher immer die Bücher runtergerutscht sind. Jetzt rutschen die Bücher nicht mehr. Sie stecken in Stoppersocken.

„Mir ist schlecht", sage ich. „Kannst du mich bitte umdrehen?"

Das Känguru kommt und stellt mich vom Kopf auf die Füße.

Ich schalte den Videorekorder aus.

„Ich habe heute früh im Zug ein neues Gedicht gemacht!", sage ich.

„Nummer 5", sagt das Känguru.

„Was?"

„Nummer 5 auf meiner Not-to-do-Liste", sagt das Känguru. „Gedichte schreiben."

„Du weißt, dass ich mich von sarkastischen Bemerkungen nicht aufhalten lasse."

„Ja", sagt das Känguru. „Ich habe eine ziemlich eindeutige Langzeitstudie darüber gemacht."

„Aufgepasst", sage ich.

„Es sagt viel über die Welt aus, mein Kind, sagt der Vater zum Knaben, dass die Dummen glücklich sind und die Schlauen Depressionen haben."

„Hast du Depressionen?", fragt das Känguru.

„Nee", sage ich. „Du?"

„Nee." Plötzlich klingelt es von irgendwoher.

„Wie dem auch sei", sagt das Känguru, zieht einen Wecker aus seinem Beutel und schaltet ihn aus. „Ich geh jetzt schlafen."

„Ist es nicht anstrengend, immer alles genau andersherum zu machen als der Rest der Welt?", frage ich.

„Es geht", sagt das Känguru und legt sich wieder in seine Hängematte. „Guten Tag."

Heike Wanner

Countdown im Büro

*…warum getoastete Schnitzel pädagogisch genauso
wertvoll sind wie frische Kürbissuppe*

Es ist 11.45 Uhr.

Ich sitze im Büro, habe gerade meine letzte Mail geschrieben und drücke auf „Senden". Damit ist mein halber Arbeitstag für heute so gut wie beendet.

Zufrieden nehme ich meine Tasse und die Thermoskanne, gehe in die kleine Teeküche hinter meinem Schreibtisch und spüle alles gründlich aus. Dabei fällt mein Blick aus dem Fenster. Es ist herrliches Herbstwetter, ein Tag wie geschaffen für einen kleinen Ausflug in den Wald. Aber vorher werde ich meinem Sohn und mir zum Mittagessen eine frische Kürbissuppe zubereiten. Ich habe alle Zutaten zu Hause und muss sie nur noch klein schneiden und kochen. Mein Sohn kommt erst gegen 12.45 Uhr aus der Schule, sodass ich mir in Ruhe eine Tasse Kaffee gönnen und dabei Zeitung lesen kann. Beflügelt von diesen Aussichten, kehre ich an meinen Schreibtisch zurück und will gerade den Computer herunterfahren, als das Telefon klingelt.

„Annemarie Andacht" leuchtet auf dem Display auf.

Annemarie ist unsere Abteilungssekretärin. Wenn sie anruft, kann das zweierlei bedeuten: Entweder steht ein Betriebsausflug bevor, und sie muss die Termine koordinieren. Oder aber – was viel wahrscheinlicher ist – der Chef hat einen dringenden Auftrag.

Ich zögere einen Moment, gehe dann aber doch ans Telefon. Schließlich liegt der letzte Betriebsausflug weit zurück. Wer weiß? Vielleicht überrascht sie mich ja.

Aber Annemarie bereitet mir selten eine Freude.

„Herr Schneider braucht dringend die Verkaufszahlen aus San Marino von 1960 bis heute", blafft sie mir ins Ohr. „Das ist SEHR DRINGEND!"

Ich verstehe. Wenn Annemarie in Großbuchstaben redet, dann muss alles andere liegen bleiben. „Okay, ich kümmere mich darum."

Eilig mache ich mich an die Arbeit. Es kann eigentlich nicht so schwierig sein, die Zahlen aufzulisten. Ich schaffe es sicherlich trotzdem, pünktlich zu gehen.

11.50 Uhr

Wo genau liegt eigentlich San Marino? Irgendwo in Italien, nehme ich an. Ich glaube, ich war mal in einer Eisdiele, die so hieß.

Verdammt! Für die jährlichen Verkaufszahlen muss ich tatsächlich sieben Werte pro Jahr zusammenaddieren. Von 1960 bis heute sind es 49 Jahre. Das macht dann siebenmal 40 Zahlen, die ich eintippen darf, das sind insgesamt … – ach egal! Auf jeden Fall zu viele! So viele Einwohner hat San Marino doch gar nicht, oder? Ich befürchte, ich werde den Kaffee zu Hause schneller trinken und außerdem auf den Sportteil der Zeitung verzichten müssen. Das macht aber nichts, denn Sport interessiert mich am wenigsten.

12.00 Uhr
Immerhin bin ich schon bei den Daten für 1975.
Ich glaube, ich werde mir das Zeitunglesen sparen und stattessen Radio hören. Das ist sowieso besser für die Augen. Den Kaffee kann ich trinken, während ich den Kürbis und die Kartoffeln schneide.

12.10 Uhr
Für 1984 liegen nur fünf Werte aus San Marino vor. Wieso das? Ich beschließe, das Problem zu ignorieren. Wer rechnet schon 25 Jahre alte Zahlen nach?
Die Kürbissuppe muss ich wohl auf morgen verschieben. Stattdessen werde ich Tiefkühl-Spinat machen. Das ist genauso gesund, kocht sich aber ganz von allein.

Und außerdem bleibt mir die Zeit, den Kaffee zu trinken und zumindest das Deckblatt der Zeitung zu lesen.

12.25 Uhr
Oje! Ich bin in der Zeile verrutscht. Jetzt muss ich alle Zahlen noch einmal überprüfen.
Wer – außer Herrn Schneider – interessiert sich eigentlich für die Verkäufer aus diesem Zwergenstaat? Was will er damit?

12.30 Uhr
Okay, Spinat, Kaffee und Zeitung kann ich vermutlich vergessen. Ich werde einfach ein paar Spiegeleier braten. Das geht noch schneller als Spinat, und Eier enthalten viel Eisen. Eisen ist gut für die Blutwerte meines Kindes. Was die Neuigkeiten in der Welt betrifft – ich kann die Nachrichten im Autoradio hören, wenn ich nach Hause fahre. Und wenn ich ein bisschen mehr Gas gebe als sonst, dann schaffe ich es immer noch, vor meinem Sohn zu Hause zu sein. Wie schnell kann mein Auto fahren. 160 hm/h?

12.40 Uhr
Ich werde nie wieder in eine Eisdiele gehen, die „San Marino" heißt! Ich werde überhaupt nie wieder Eis

essen! Und ganz sicher gehe ich auch nie mehr ans Telefon, wenn Annemarie Andacht kurz vor Feierabend bei mir anruft!

Trotzdem – gleich habe ich es geschafft!

12.45 Uhr

Mit fällt gerade ein, dass wir gar keine Eier zu Hause haben …

Aber wenn ich mich recht erinnere, liegen im Kühlschrank noch zwei Schnitzel aus gepresstem Putenfleisch, die man im Toaster zubereiten kann. Das Toasten wird mein Sohn sicherlich gern selbst übernehmen, während ich den Tisch decke. Dabei können wir die Neuigkeiten aus Schule und Büro austauschen. Das ist doch fast schon eine Art gemeinschaftliches Erlebnis-Kochen …

12.50 Uhr

Fertig!

Ich speichere die Datei, schicke sie per E-Mail weiter an Annemarie Andacht und schalte den Computer aus. Gerade als ich mir die Jacke anziehe, klingelt mein Telefon.

„Annemarie Andacht" leuchtet es schrill und anklagend auf dem Display. Aber Annemarie und ihre Jahreszahlen aus San Marino sind mit jetzt wirklich egal. Ich gehe jetzt SCHNITZEL TOASTEN!

Mark Twain

Tom streicht einen Zaun

Der Sonnabend Morgen tagte, die ganze sommerliche Welt draußen war sonnig und klar, sprudelnd von Leben und Bewegung. In jedem Herzen schien's zu klingen und zu singen, und wenn das Herz jung war, trat der Klang unversehens auf die Lippen. Freude und Lust malte sich in jedem Antlitz, jeder Schritt war beflügelt. Die Akazien blühten und erfüllten mit ihrem köstlichen Duft rings alle Lüfte.

Tom erschien auf der Bildfläche mit einem Eimer voll Tünche und einem langstieligen Pinsel. Er stand vor dem Zaun, besah sich das zukünftige Feld seiner Tätigkeit und es war ihm, als schwände mit einem Schlage alle Freude aus der Natur. Eine tiefe Schwermut bemächtigte sich seines ahnungsvollen Geistes. Dreißig Meter lang und neun Fuß hoch war der unglückliche Zaun! Das Leben schien ihm öde, das Dasein eine Last. Seufzend tauchte er den Pinsel ein und fuhr damit über die oberste Planke, wiederholte das Manöver einmal und noch einmal. Dann verglich er die unbedeutende ubertunchte Strecke mit der Riesenausdehnung des noch ungetünchten Zaunes und ließ sich entmutigt auf ein paar knorrigen Baumwurzeln nieder.

Bald würden sie vorüber schwärmen, die glücklichen Jungen, die heute frei waren, auf die Berge, in den Wald, zum Fluss, überall hin, wo's schön und herrlich war. Und wie würden sie ihn höhnen und auslachen und verspotten, dass er dableiben und arbeiten musste, – schon der Gedanke allein brannte wie Feuer. Er leerte seine Taschen und musterte seine weltlichen Güter, – alte Federn, Glas- und Steinkugeln, Marken und sonst allerlei Kram. Da war wohl genug, um sich dafür einen Arbeitstausch zu verschaffen, aber keineswegs genug, um sich auch nur eine knappe halbe Stunde voller Freiheit zu erkaufen. Seufzend wanderten die beschränkten Mittel wieder in die Tasche zurück und Tom musste wohl oder übel die Idee fahren lassen, den einen oder andern der Jungen zur Beihilfe zu bestechen. In diesem dunklen, hoffnungslosen Moment kam ihm eine Eingebung! Eine große, eine herrliche Eingebung! Er nahm seinen Pinsel wieder auf und machte sich still und emsig an die Arbeit. Da tauchte Ben Rogers in der Entfernung auf, Ben Rogers, dessen Spott er von allen gerade am meisten gefürchtet hatte. Ben's Gang, als er so daherkam, war ein springender, hüpfender kurzer

Trab, Beweis genug, dass sein Herz leicht und seine Erwartungen hochgespannt waren. Er biss lustig in einen Apfel und ließ dazu in kurzen Zwischenpausen ein langes, melodisches Geheul ertönen, dem allemal ein tiefes gezogenes ding–dong–dang, ding–dong–dang folgte. Er stellte nämlich einen Dampfer vor. Als er sich Tom näherte, gab er Halbdampf, hielt sich in der Mitte der Straße, wandte sich stark nach Steuerbord und glitt drauf in stolzem Bogen dem Ufer zu, mit allem Aufwand von Pomp und Umständlichkeit, denn er stellte nichts Geringeres vor als den „Großen Missouri" mit neun Fuß Tiefgang. Er war Schiff, Kapitän, Mannschaft, Dampfmaschine, Glocke, alles in allem, stand also auf seiner eigenen Schiffsbrücke, erteilte Befehle und führte sie aus.

„Halt, stoppen! Klinge–linge–ling." Der Hauptweg war zu Ende und der Dampfer wandte sich langsam dem Seitenweg zu. „Wenden! Klingelingeling!" Steif ließ er die Arme an den Seiten niederfallen. „Wenden, Steuerbord! Klingelingeling! Tschu! tsch–tschu–u–tschu!"

Nun beschrieb der rechte Arm große Kreise, denn er stellte ein vierzig Fuß großes Rad vor. „Zurück, Backbord! Klingelingeling! Tschu–tsch–tschu–u–sch!" Der linke Arm begann nun Kreise zu beschreiben. „Steuerbord stoppen! Lustig, Jungens! Anker auf – nieder! Klingeling! Tsch–tschuu–tschu! Los! Maschine stoppen! He, Sie da! Scht–sch–tscht!" (Ausströmen des Dampfes.)

Tom tünchte währenddessen und ließ den Dampfer Dampfer sein, Ben starrte ihn einen Augenblick an und grinste dann:

„Hi-hi! Festgenagelt – äh?"

Keine Antwort, Tom schien seinen letzten Strich mit dem Auge eines Künstlers zu prüfen, dann fuhr er zart mit dem Pinsel noch einmal drüber und übersah das Resultat in derselben kritischen Weise wie zuvor. Ben marschierte nun neben ihm auf. Toms Mund wässerte nach dem Apfel, er hielt sich aber tapfer an die Arbeit. Sagt Ben:

„Hallo, alter Junge, Strafarbeit, ja?"

„Ach, du bist's, Ben, ich hab' gar nicht aufgepasst!"

„Hör du, ich geh schwimmen, willst du vielleicht mit? Aber gelt, du arbeitest lieber, natürlich, du bleibst viel lieber da, gelt?"

Tom maß ihn erstaunt von oben bis unten.

„Was nennst du eigentlich arbeiten?"

„W-was? Ist das keine Arbeit?"

Tom tauchte seinen Pinsel wieder ein und bemerkte gleichgültig:

„Vielleicht – vielleicht auch nicht! Ich weiß nur so viel, dass das dem Tom Sawyer passt."

„Na, du willst mir doch nicht weismachen, dass du's zum Vergnügen tust?"

Der Pinsel strich und strich.

„Zum Vergnügen? Na, seh nicht ein, warum nicht. Kann unsereiner denn alle Tag 'nen Zaun anstreichen?"

Das warf nun ein neues Licht auf die Sache. Ben überlegte und knabberte an seinem Apfel. Tom fuhr sachte mit seinem Pinsel hin und her, trat dann zurück, um die Wirkung zu prüfen, besserte hier und da noch etwas nach, prüfte wieder, alles ohne sich im geringsten um Ben zu kümmern. Dieser verfolgte jede Bewegung, eifriger und eifriger mit steigendem Interesse. Sagt er plötzlich:

„Du, Tom, lass mich ein bisschen streichen!"

Tom überlegte, schien nachgeben zu wollen, gab aber diese Absicht wieder auf: „Nein, nein, das würde nicht gehen, Ben, wahrhaftig nicht. Weißt du, Tante Polly nimmt's besonders genau mit diesem Zaun, so dicht bei der Straße, siehst du. Ja, wenn's irgendwo dahinten wär, da lag nichts dran, – mir nicht und ihr nicht – so aber! Ja, sie nimmt's ganz ungeheuer genau mit diesem Zaun, der muss ganz besonders vorsichtig gestrichen werden, – einer von hundert Jungen vielleicht, oder noch weniger, kann's so machen, wie's gemacht werden muss."

„Nein, wirklich? Na, komm, Tom, lass mich's probieren, nur ein ganz klein bisschen. Ich ließ dich auch dran, Tom, wenn ich's zu tun hätte!"

„Ben, wahrhaftig, ich tät's ja gern, aber Tante Polly – Jim hat's tun wollen und Sid, aber die haben's beide nicht gedurft. Siehst du nicht, wie ich in der Klemme stecke? Wenn du nun anstreichst und 's passiert was und der Zaun ist verdorben, dann –"

„Ach, Unsinn, ich will's schon rechtmachen. Na, gib her, – wart, du kriegst auch den Rest von meinem Apfel; 's ist freilich nur noch der Butzen, aber etwas Fleisch sitzt doch noch drum."

„Na, denn los! Nein, Ben, doch nicht, ich hab Angst, du –"

„Da hast du noch 'nen ganzen Apfel dazu!" Tom gab nun den Pinsel ab. Widerstreben im Antlitz, Freude im Herzen. Und während der frühere Dampfer „Großer Missouri" im Schweiße seines Angesichts drauflos strich, saß der zurückgetretene Künstler auf einem Fässchen im Schatten dicht dabei, baumelte mit den Beinen, verschlang seinen Apfel und brütete über dem Gedanken, wie er noch mehr Opfer in sein Netz zöge.

An Material dazu war kein Mangel. Jungen kamen in Menge vorüber. Sie kamen, um zu spotten, und blieben, um zu tünchen! Als Ben müde war, hatte Tom schon Kontrakt gemacht mit Billy Fischer, der ihm einen fast neuen, nur wenig geflickten Drachen bot. Dann trat Johnny Miller gegen eine tote Ratte ein, die an einer Schnur zum Hin- und Herschwingen befestigt war, und so weiter und so weiter, Stunde um Stunde. Und als der Nachmittag zur Hälfte verstrichen, war aus Tom, dem mit Armut geschlagenen Jungen mit leeren Taschen und leeren Händen, ein im Reichtum förmlich schwelgender Glücklicher geworden. Er besaß außer den Dingen, die ich oben angeführt, noch zwölf Steinkugeln, eine freilich schon etwas stark beschädigte Mundharmonika, ein Stück blaues Glas, um die Welt dadurch zu betrachten, ein halbes Blasrohr, einen alten Schlüssel und nichts damit aufzuschließen, ein Stück Kreide, einen halb zerbrochenen Glasstöpsel von einer Wasserflasche, einen Bleisoldaten, ein Stück Seil, sechs Zündhütchen, ein junges Kätzchen mit nur einem Auge, einen alten messingnen Türgriff, ein Hundehalsband ohne Hund, eine Messerklinge, vier Orangenschalen und ein altes, wackeliges Stück Fensterrahmen. Dazu war er lustig und guter Dinge, brauchte sich gar nicht weiter anzustrengen die ganze Zeit über und hatte mehr Gesellschaft beinahe, als ihm lieb war. Der Zaun wurde nicht weniger als dreimal vollständig überpinselt, und wenn die Tünche im Eimer nicht ausgegangen wäre, hätte er zum Schluss noch jeden einzelnen Jungen des Dorfes bankrott gemacht.

Unserm Tom kam die Welt gar nicht mehr so traurig und öde vor. Ohne es zu wissen, hatte er ein tief in der menschlichen Natur wurzelndes Gesetz entdeckt, die Triebfeder zu vielen, vielen Handlungen. Um das Begehren eines Menschen, sei er nun erwachsen oder nicht, – das Alter macht in dem Fall keinen Unterschied – also, um eines Menschen Begehren nach irgendetwas zu erwecken, braucht man ihm nur das Erlangen dieses „etwas" schwierig erscheinen zu lassen. Wäre Tom ein gewiegter, ein großer Philosoph gewesen, wie zum Beispiel der Schreiber dieses Buches, er hatte daraus gelernt, wie der Begriff von Arbeit einfach darin besteht, dass man etwas tun muss, dass dagegen Vergnügen das ist, was man freiwillig tut. Er würde verstanden haben, warum künstliche Blumen machen oder in einer Tretmühle gehen „Arbeit" heißt, während Kegelschieben im Schweiße des Angesichts oder den Montblanc erklettern lediglich als Vergnügen gilt. Ja, ja, wer erklärt diese Widersprüche in der menschlichen Natur!

Heinrich Böll

Anekdote zur Senkung der Arbeitsmoral

In einem Hafen an einer westlichen Küste Europas liegt ein ärmlich gekleideter Mann in seinem Fischerboot und döst. Ein schick angezogener Tourist legt eben einen neuen Farbfilm in seinen Fotoapparat, um das idyllische Bild zu fotografieren: blauer Himmel, grüne See mit friedlichen, schneeweißen Wellenkämmen, schwarzes Boot, rote Fischermütze. Klick. Noch einmal: klick, und da aller guten Dinge drei sind und sicher sicher ist, ein drittes Mal: klick. Das spröde, fast feindselige Geräusch weckt den dösenden Fischer, der sich schläfrig aufrichtet, schläfrig nach seiner Zigarettenschachtel angelt. Aber bevor er das Gesuchte gefunden, hat ihm der eifrige Tourist schon eine Schachtel vor die Nase gehalten, die Zigarette nicht gerade in den Mund gesteckt, aber in die Hand gelegt, und ein viertes Klick, das des Feuerzeuges, schließt die eilfertige Höflichkeit ab. Durch jenes kaum messbare, nie nachweisbare Zuviel an flinker Höflichkeit ist eine gereizte Verlegenheit entstanden, die der Tourist – der Landessprache mächtig – durch ein Gespräch zu überbrücken versucht. „Sie werden heute einen guten Fang machen." Kopfschütteln des Fischers. „Aber man hat mir gesagt, dass das Wetter günstig ist." Kopfnicken des Fischers. „Sie werden also nicht ausfahren?" Kopfschütteln des Fischers, steigende Nervosität des Touristen. Gewiss liegt ihm das Wohl des ärmlich gekleideten Menschen am Herzen, nagt an ihm die Trauer über die verpasste Gelegenheit „Oh? Sie fühlen sich nicht wohl?" Endlich geht der Fischer von der Zeichensprache zum wahrhaft gesprochenen Wort über.

„Ich fühle mich großartig", sagt er. „Ich habe mich nie besser gefühlt." Er steht auf, reckt sich, als wollte er demonstrieren, wie athletisch er gebaut ist. „Ich fühle mich phantastisch."

Der Gesichtsausdruck des Touristen wird immer unglücklicher, er kann die Frage nicht mehr unterdrücken, die ihm sozusagen das Herz zu sprengen droht: „Aber warum fahren Sie dann nicht aus?" Die Antwort kommt prompt und knapp.

„Weil ich heute morgen schon ausgefahren bin." „War der Fang gut?" „Er war so gut, dass ich nicht noch einmal ausfahren brauche, ich habe vier Hummer in meinen Körben gehabt, fast zwei Dutzend Makrelen gefangen."

Der Fischer, endlich erwacht, taut jetzt auf und klopft dem Touristen auf die Schulter. Dessen besorgter Gesichtsausdruck erscheint ihm als ein Ausdruck zwar unangebrachter, doch rührender Kümmernis. „Ich habe sogar für morgen und übermorgen genug!" sagt er, um des Fremden Seele zu erleichtern. „Rauchen Sie eine von meinen?"

„Ja, danke."

Zigaretten werden in Münder gesteckt, ein fünftes Klick, der Fremde setzt sich kopfschüttelnd auf den Bootsrand, legt die Kamera aus der Hand, denn er braucht jetzt beide Hände, um seiner Rede Nachdruck zu verleihen.

„Ich will mich ja nicht in Ihre persönlichen Angelegenheiten mischen", sagt er, „aber stellen Sie sich mal vor, Sie führen heute ein zweites, ein drittes, vielleicht sogar ein viertes Mal aus, und Sie würden drei, vier, fünf, vielleicht sogar zehn Dutzend Makrelen fangen. Stellen Sie sich das mal vor!"

Der Fischer nickt.

„Sie würden", fährt der Tourist fort, „nicht nur heute, sondern morgen, übermorgen, ja, an jedem günstigen Tag zwei-, dreimal, vielleicht viermal ausfahren – wissen Sie, was geschehen würde?"

Der Fischer schüttelt den Kopf.

„Sie würden sich in spätestens einem Jahr einen Motor kaufen können, in zwei Jahren ein zweites Boot, in drei oder vier Jahren könnten Sie vielleicht einen kleinen Kutter haben, mit zwei Booten oder dem Kutter würden Sie natürlich viel mehr fangen – eines Tages würden Sie zwei Kutter haben, Sie würden…", die Begeisterung verschlägt ihm für ein paar Augenblicke die Stimme, „Sie würden ein kleines Kühlhaus bauen, vielleicht eine Räucherei, später eine Marinadenfabrik, mit einem eigenen Hubschrauber rundfliegen, die Fischschwärme ausmachen und Ihren Kuttern per

Funk Anweisung geben, sie könnten die Lachsrechte erwerben, ein Fischrestaurant eröffnen, den Hummer ohne Zwischenhändler direkt nach Paris exportieren – und dann …“ – wieder verschlägt die Begeisterung dem Fremden die Sprache. Kopfschüttelnd, im tiefsten Herzen betrübt, seiner Urlaubsfreude schon fast verlustig, blickt er auf die friedlich hereinrollende Flut, in der die ungefangenen Fische munter springen.

„Und dann“, sagt er, aber wieder verschlägt ihm die Erregung die Sprache. Der Fischer klopft ihm auf den Rücken wie einem Kind, das sich verschluckt hat. „Was dann?“ fragt er leise.

„Dann“, sagt der Fremde mit stiller Begeisterung, „dann könnten Sie beruhigt hier am Hafen sitzen, in der Sonne dösen – und auf das herrliche Meer blicken.“ „Aber das tu ich ja schon jetzt“, sagt der Fischer, „ich sitze beruhigt am Hafen und döse, nur Ihr Klicken hat mich dabei gestört.“

Tatsächlich zog der solcherlei belehrte Tourist nachdenklich von dannen, denn früher hatte er auch einmal geglaubt, er arbeite, um eines Tages einmal nicht mehr arbeiten zu müssen, aber es blieb keine Spur von Mitleid mit dem ärmlich gekleideten Fischer in ihm zurück, nur ein wenig Neid.

Wladimir Kaminer

Arbeit im vorigen Jahrhundert

Ich habe das Gefühl, dass niemand mehr arbeitet, alle sind nur noch mit Geldverdienen beschäftigt. Im heroischen Sozialismus wurde die Arbeit lange Zeit als ehrenvolle Aufgabe angesehen, die mit entsprechenden Ritualen gefeiert wurde. Die Weihe der jungen Arbeiter am Tag des Metallurgen zum Beispiel wurde im ganzen Land live im Fernsehen übertragen. Die jungen Familiengründer in den Arbeiterwohnheimen bekamen zur Hochzeit ein symbolträchtiges Bügeleisen geschenkt, „damit im Privaten alles glattgeht und es am Arbeitsplatz dampft", wie es hieß. Die Arbeit jedes Einzelnen galt als sein Beitrag für das Wohl aller.

Im Kapitalismus muss dagegen die Arbeit dem bloßen Geschäftemachen weichen. In der kapitalistischen Produktion geht es in erster Linie um die Rationalisierung des Arbeitsprozesses, das heißt um die Reduktion der Produktionskosten, genau genommen ums Nichtarbeiten also. Im Kapitalismus ackert nur der Dumme, der Kluge macht Kasse. Die Arbeit ist unter solchen Bedingungen tückisch. Auf der alljährlichen

Hausversammlung beschlossen kürzlich die Bewohner unseres Hauses, dem Hausmeister zu kündigen. Er hatte sich im Laufe des vorangegangenen Jahres um so gut wie nichts im Haus gekümmert, keine einzige Glühbirne ausgewechselt und nicht einmal die Briefkästen richtig beschriftet. Auf diesen Hausmeister war kein Verlass, er stellte bloß einen völlig überflüssigen Posten auf der Betriebskostenabrechnung dar. Unser junger, blond gefärbter Hausverwalter mit lackierten Fingernägeln lachte jedoch bloß über unseren Entschluss.

„Natürlich könnt ihr selbst die Glühbirnen auswechseln und Briefkästen beschriften", meinte er.

„Wahrscheinlich werdet ihr es sogar schneller und besser als der Hausmeister tun. Aber überlegt es euch noch einmal. Der Hausmeister ist nämlich versichert, aber wenn jemand von euch von der Leiter fällt, müsst ihr die Krankenhauskosten selbst tragen."

Das war ein schlagkräftiges Argument. Nach langen Diskussionen beschloss die Hausgemeinschaft, den Hausmeister zu behalten. Zumindest wussten wir jetzt, was der Sinn seiner Nichtarbeit war: einmal von der Leiter zu fallen, ohne dass wir dafür zu bezahlen brauchten. Dabei geht es unserem Haus nicht gut. Es tropft durchs Dach, und auf dem Hof wuchern gelbe

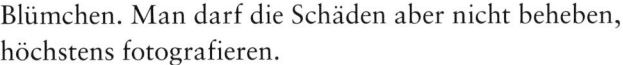

Blümchen. Man darf die Schäden aber nicht beheben, höchstens fotografieren.

Oft sehe ich neue Gesichter bei uns auf dem Hof. Ältere Männer mit Pfeife im Mund und gepflegte alterslose Hausfrauen. Das sind Eltern aus Bayern, die ihre Kinder in Berlin besuchen. Ich stelle mir vor, wie sie ökologisch bewusst durch ganz Deutschland mit der Bahn fahren, Kaffee trinken, Kuchen essen und durch das dicke Fensterglas in die liebliche deutsche Landschaft schauen, auf weite Felder mit gelben Blümchen und kleine Wäldchen mit Fichten, die wie von Hand in Reih und Glied aufgestellt zu sein scheinen. In den Zugabteilen hängen überall Plakate mit grauhaarigen Männern, die durch diese lieblichen Landschaften spazieren oder gelbe Blümchen sammeln und dabei glücklich lächeln. Sie werben für ein Prostatamedikament.

In amerikanischen Zügen, so glaube ich zumindest, wird wahrscheinlich mehr für Viagra geworben. Amerikanische Frührentner sind einfach noch nicht so entspannt wie die deutschen. Ich habe sie schon mehrmals in russischen Nachtclubs erlebt, sie suchen stets Ärger und sind für alle Arten von Abenteuern zu haben. Deutschland scheint in dieser Hinsicht – glücklicherweise – sein Pulver bereits verschossen zu haben. Ohne Schmerzen zu pinkeln und auf dem Hof gelbe Blümchen zu gießen, das ist unser Ehrenbeitrag zur Weiterentwicklung der Welt. Vielleicht macht der Kapitalismus bald auch noch die Chinesen, Afrikaner und Inder reich, dann wird niemand mehr arbeiten müssen, die Lebensmittel werden von Computern und Robotern produziert, und der letzte Arbeiter wird wegrationalisiert sein.

Die größten Arbeitseinsätze des Sozialismus oder das, was von ihnen übrig geblieben ist, werden in die Reiseführer der Zukunft aufgenommen als Attraktionen für neugierige Prostata-Touristen. Ein solches Highlight wird dann unter anderem die sibirische Stadt Bonivur abgeben, die letzte Baustelle des heroischen Sozialismus. Vitali Bonivur ist eine historische Figur, ein Held aus der Zeit des sowjetischen Bürgerkrieges, der für die Befreiung Sibiriens und für die Weltrevolution kämpfte: zuerst gegen die japanischen Okkupanten und dann gegen die Weiße Armee von Admiral Koltschak. 1922, mit zwanzig Jahren, verlor er sein Leben. Berühmt wurde er im ganzen Land durch das sowjetische Abenteuerbuch *Das Herz von Bonviur*, das 1944 veröffentlicht und 1969 verfilmt wurde.

Der romantische Geist von Vitali Bonivur, dieses russischen Helden zwischen Bonaparte und Bolivar, wehte bis in die Achtzigerjahre durch das Land. Auf den Namen Bonivur wurden Kolchosen, Krankenhäuser, Straßen und Schulen getauft. Mitten in der sibirischen Taiga legte man eine ganze nach ihm benannte Arbeiterstadt an: als Denkmal für den Sieg des Proletariats über den Kapitalismus und die Widrigkeiten der Natur. Im Zentrum von Bonivur wurde ein großes Kulturhaus errichtet, in dessen Fassade man einen Brief einmauerte: „An die jungen Arbeiter aus dem Jahr 2017." „Liebe Nachfahren!", heißt es da. „Ihr feiert nun das hundertjährige Jubiläum der Großen Sozialistischen Oktoberrevolution. Wir beneiden Euch! Mit Eurer Stoßarbeit könnt Ihr gemeinsam mit den befreiten Arbeitern aus der ganzen Welt zu diesem Jubiläum beitragen."

Die Stadt Bonivur wurde nie zu Ende gebaut. Bereits in den Achtzigern wurden immer mehr Arbeitskräfte abgezogen, und kurz vor dem Zerfall der Sowjetunion verließen die letzten Baubrigaden diese letzte Baustelle des Sozialismus mit einem Schiff namens Dreißig Jahre DDR. Einsam und verlassen steht die Bonivur heute in der Taiga. Langsam erobert die Natur einst kultivierte Flächen zurück. Junge Bäume sprengen den Asphalt. Die Mauern des Kulturhauses zerfallen. Den Brief „An die jungen Arbeiter" lesen die Bären den Wölfen vor.

Amelie Fried

Endlich frei!

Davon haben wir Monate, wenn nicht Jahre geträumt: Mann und Kinder sind weggefahren, zur Oma, zu Freunden oder sonst wohin, ist uns auch völlig egal, wichtig ist nur: Sie sind weg!

Ein ganzes, langes, herrliches Wochenende liegt vor uns, an dem wir es so krachen lassen wollen, dass wir noch lange daran denken werden!

Also: ausschlafen, frühstücken ohne zermürbenden Geschwisterstreit, die Zeitung lesen, bis wir sie auswendig können, mit der besten Freundin telefonieren und eine Verabredung zum Ausgehen für den Abend treffen. Danach ein Körperpflegeprogramm im Gegenwert eines Wellness-Urlaubs und eine Gesichtsmaske, die uns um Jahre verjüngen werden.

Wie heißt es so treffend? Wenn du Gott zum Lachen bringen willst, dann mach einen Plan. Bei mir muss Gott sich schlapp gelacht haben. Ich kam genau bis Punkt vier, Anruf bei der Freundin. „Was? Tanzen gehen?", tönte es lustlos aus dem Telefon. „Ach, weißt du, ich habe mich auf einen ruhigen Abend mit Ulf gefreut."

Alles klar. Im Kopf überschlug ich schnell die Anzahl meiner Freundinnen, die meisten von ihnen hatten einen Ulf. (Glücklicherweise, muss man ja sagen, aber an diesem Tag standen Ulfs meiner Selbstverwirklichung auf dramatische Weise im Wege.) Also, alle aussortiert, die einen Kerl, Kinder oder beides zu Hause sitzen haben, worauf drei potenzielle Kandidatinnen übrig blieben.

Kandidatin eins lag mit Grippe im Bett. Kandidatin zwei packte gerade ihre Reisetasche, um mit ihrem neuen Lover das Wochenende zu verbringen, Kandidatin drei erklärte mir, sie haben genug vom Tanzen, von den Männern und eigentlich vom Leben überhaupt, ob wir uns nicht einfach zusammen „Tatsächlich Liebe" ansehen könnten.

Nichts gegen „Tatsächlich Liebe", das ist einer meiner Lieblingsfilme, aber deshalb habe ich ihn auch schon ungefähr vierzehn Mal gesehen. Ich vergewisserte mich, dass Kandidatin drei nicht akut selbstmordgefährdet war, dann füllte ich meine Badewanne mit dem Inhalt von zehn Tüten Biomilch und heißem Wasser. Ich legte mich hinein, stellte mir vor, es wäre Eselsmilch, und dachte über mein Leben nach. Hieß das jetzt, dass ich alt war? Hatte ich die falschen Freundinnen? Oder hatte Gott angesichts meines

Disco-Plans vor Lachen einen Herzinfarkt erlitten? Der verjüngende Effekt des Milchbads ließ zu wünschen übrig, dafür roch die Gesichtsmaske nach Fisch und irgendwie sah ich damit auch aus wie einer. Mein Samstag endete allein vor der Glotze. „Tatsächlich Liebe", zum fünfzehnten Mal. An diesen Abend werde ich noch lange denken.

Til Raether

Nicht schlafen

Eines Tages im Frühjahr war es vorbei. Ich wachte um drei auf, lag wach und suchte in der Peripherie des Schlafes nach einem verborgenen Eingang. Ich fand ihn nicht. Nach ein paar Minuten wieder einschlafen, wie sonst: Das ging nicht, es war, als hätte ich es verlernt. Und dabei blieb es. Erst dachte ich: ach du Scheiße. Das hat mir noch gefehlt. Das moderne Leben mit Job, Kindern, Trump-Nachrichten, Facebook-Sorgen und der deutlich spürbaren, aber nur vage umrissenen Vorstellung, das könne ja wohl nicht alles gewesen sein, oder es ist zu viel – dieses Leben ist auf seine Weise hart genug. Wie soll ich es durchstehen, ohne durchzuschlafen? Normalerweise redet man ja über sich selbst wie über ein Kind im Windelalter: Die Nacht war gut, ich habe durchgeschlafen.

Aber nun wachte ich morgens um drei auf und lag wach. „Die Stunde des Wolfes" nennt der Schlafforscher Jürgen Zulley die Zeit zwischen etwa drei und vier Uhr morgens: In dieser Zeit wachen viele Menschen auf, weil sie zwischen zwei Tiefschlafphasen liegt und weil in dieser Zeit der Körper überdurchschnittlich viel Melantonin ausschüttet, ein Hormon, das den Schlaf reguliert, aber auch leicht depressiv macht.

Wer nachts um drei aufwacht, fängt an zu grübeln, die Uhrzeit beschert einem dunkle Gedanken, die umso bedrohlicher werden, je länger man auf ihnen herumkaut. Vor diesem Herumkauen bin ich geflohen. In eine völlig neue Welt, für die ich in den ersten Wochen gar keinen Namen hatte. Das heißt, ich habe einfach versucht, wieder einzuschlafen. Ich habe ein, anderthalb Stunden etwas ganz anderes gemacht, ich bin aufgestanden und habe mich in dieser neuen Welt bewegt, bis ich wieder müde war.

Ich dachte, ich hätte diese Welt erfunden, für mich allein, und ich wäre ihr einziger Bewohner. Es fühlte sich an, als hätte ich einen neuen Planeten entdeckt. Er hat aber bereits einen Namen, das fand ich nach ein paar Wochen heraus: segmentiertes Schlafen. Also: in Stückchen oder Teilen schlafen, mit Unterbrechung, so, als wäre der Nachtschlaf ein neuer „Star Wars", und in der Mitte geht das Licht an, und man vertritt sich ein bisschen im Foyer die Beine und atmet Popcornluft, nur: viel, viel schöner.

Wir haben gelernt, in einem Stück zu schlafen, zum Beispiel von etwa halb zwölf bis halb sieben, so wie ich früher. Ein wunderbar durchschnittlicher Wert, denn die Menschen in Deutschland schlafen etwa sieben Stunden pro Nacht. Und wachen ein paar Duzend Mal auf, aber fast, ohne es zu merken, sie schlafen gleich wieder ein. Segmentierter Schlaf verläuft nicht in einem Stück, sondern mit einer bewussten, sogar absichtlichen Unterbrechung ziemlich genau in der Mitte.

Seit etwas über zwanzig Jahren, lese ich eines Nachts in einem „New York Times Magazine", das ich mir aus dem Flugzeug mitgebracht und für die Nacht aufgehoben habe, gehen Schlafforscher*innen und Historiker*innen davon aus, dass die Menschen bis zur Erfindung des elektrischen Lichts vermutlich überwiegend in Phasen geschlafen haben. Weil man ins Bett ging, wenn es dunkel wurde – die meiste Zeit des Jahres über in Mitteleuropa also recht früh – , und wenn man nach der ersten Tiefschlafphase aufwachte, war noch so viel von der Nacht übrig, dass man aufstand und Briefe schrieb, Tagebuch führte oder einander sogar besuchte, weil die Chancen gut waren, dass der Nachbar auch auf den Beinen war, mitten in der Nacht. Bis man sich zu einer zweiten Halbzeit Schlaf bis zum Morgengrauen wieder hinlegte. „Dorveille" nannten die vorindustriellen Franzosen diese Zeit mitten in der Nacht, was zu Deutsch so viel wie „Wachschlaf" bedeutet, und die Engländer sagten schlicht „the watch", die Wache.

Um mir nicht sinnlos den Kopf zu zerbrechen, habe ich angefangen, nachts zwischen drei und vier Dinge zu tun. Nicht so wie am Tag. Schlafwandlerischer und wacher zugleich. Zielloser. Um mich dann wieder hinzulegen, gegen vier, und noch mal eine Tiefschlafphase von zweieinhalb, drei Stunden mitzunehmen. Mich darin einzurichten, hat mir die Nächte, die Tage und vielleicht den Seelenfrieden gerettet.

Was am Anfang wie ein Fluch wirkt (warum wache ich jede Nach auf?), wird herrlich, wenn man aufhört, sich dagegen zu wehren. Normalerweise droht immer irgendeine Art von Gefahr, Peinlichkeit oder Erniedrigung, wenn jemand die folgende Formulierung verwendet, aber beim segmentierten Schlaf passt sie: Man muss sich halt drauf einlassen. Man darf nicht dagegen kämpfen. Was Schlimmeres, als zu grübeln und um den Schlaf zu kämpfen, kann einem dabei ja nicht passieren. Chronobiologen sagen sogar, dass das Schlafen in zwei Phasen womöglich den ursprünglichen Schlafbedürfnissen und -gewohnheiten unseres Körpers entspricht: Versuchspersonen, denen man die Uhr und den festen Tagesablauf nimmt, fangen jedenfalls nach einer Weile von allein mit dem segmentierten Schlafen an.

Nun habe ich eine Uhr und einen festen Tagesablauf, aber auch dazu passt der segmentierte Schlaf, und sogar besonders gut. Die gute Stunde zwischen meinen beiden Schlafhälften ist ein Gegenentwurf zu meiner Tagwelt geworden. Das habe ich gemerkt, nachdem ich anfangs versuchte, „die Wache" als eine Art Add-on des Tages zu nutzen: Ich schrieb ein paar Mails über Dinge, die am nächsten Tag anstanden, ich deckte schon mal den Frühstückstisch, sorgfältig und liebevoll, ganz leise, oder ich ließ schon mal eine Wäsche durchlaufen im Keller. Aber der Effekt war seltsam, ich war eine Art Heinzelmännchen meiner selbst, und wenn ich morgens den gedeckten Frühstückstisch vorfand und die durchgelaufene Waschmaschine, war es mir unheimlich. Und die Nacht-Mails waren schwafelig, redundant und unfokussiert oder überkreuz wie zwischen zwei Wimpernschlägen geschrieben. Die Antworten klangen alarmiert: „Warum schreibst du mir um 3:20? Bist du krank?"

Tatsächlich fühlt sich die Schlafwache ein bisschen an wie früher als Kind eine von den guten Krankheiten, wenn man fiebrig genug war, um zu Hause zu bleiben, aber nicht so, dass man sich schlecht fühlte, nur ein wenig matt und verlangsamt. Wie die Vormittage vorm Fernseher damals entzieht sich die Wache der Nutzwertigkeit: Sie ist nicht dafür da, um Dinge zu erledigen, sondern im Gegenteil, um ganz wenig zu tun. Was seit Langem ein Traum ist, möglichst wenig tun, wird nun Wirklichkeit in der guten Stunde zwischen dem Schlafen.

Ich lese ein bisschen, aber nicht, was besonders handlungsreich ist, nichts, wo man sich viele Namen merken muss, denn das Gehirn ist zwar da, aber es signalisiert ganz klar, dass es zum Zugucken gekommen ist und nicht zum Mitmachen. Ich fange an, Proust zu lesen, „Auf der Suche nach der verlorenen Zeit", zuerst weil es mir wie eine Art Fachliteratur erscheint, denn es geht darin ja viel um Schlafen und Nichtschlafen, und wer hat tagsüber Zeit für die Empfindsamkeiten des französischen Großbürgertums der vorvorigen Jahrhundertwende? Schnell merke ich, dass Proust lesen wie weiterschlafen und darum ideal ist, und der Vorrat geht nie aus, nach einem halben Jahr segmentierten Schlafens bin ich immer noch nicht beim letzten Band.

Gern aber wandere ich auch einfach durchs Haus. Wobei weder das Wort „wandern" noch das Wort „Haus" präzise beschreibt, wie ich in Schlafanzughosen durch die Wohnung tapere, aber es fühlt sich so an: Alles wird ein wenig fremd und dadurch größer im Wachschlaf, man fühlt sich als Besucher im eigenen Leben. Und wie ein Besucher sieht man manche Dinge dann auch klarer als tagsüber, wenn man einheimisch im eigenen Leben ist: wie sanft die Kinder atmen, die tagsüber so groß und streitlustig sind, wie gewissenhaft die Frau immer ihre Handtasche neben das Bett stellt, vielleicht damit sie alles gleich hat, wenn die Erde bebt. Und wie herrlich tot die Handys an ihren Aufladekabeln hängen, die Bildschirme endlich schwarz wie die Nacht.

Social Media auf dem Telefon nämlich oder Fernsehserien auf dem Laptop: Das geht gar nicht während der Wache. Und es ist nicht das blaue Licht, das einen dann wieder viel zu wach macht, das kann man rausfiltern, ich habe alle Apps dafür. Nein, es sind die Donald-Trump-Reize aus anderen Zeitzonen, die Sorgenmacher in den Timelines, und in den Serien fällt einem plötzlich diese seltsam gleichförmig aufregende Struktur mehr auf als alles andere, ein Cliffhanger zappelt am nächsten, wer will so leben, und dann kann man doch nicht einschlafen und irrt später mit kleinen Augen durch den nächsten Tag, als hätte man sich darin verlaufen.

Was ich liebe, ist, nachts aufzustehen und am Tisch ein Kreuzworträtsel zu lösen. Es ist eine wunderbar sinnlose Tätigkeit, die keine Zweck dient und keinen Nutzen hat als den, dass ich ein halbes, Viertelstündchen vor mich hin atme und mich daran erfreue, wie der vorne so angenehm runde und weiche Bleistift übers Zeitungspapier huscht. Es ist ein Bild dafür, wie durch die Unterbrechung in der Nacht der Schlaf umgewidmet wird. Normalerweise dient die Nacht der Regeneration, genauer gesagt: der Wiederherstellung unserer Arbeitskraft, und all die Ängste, die damit verbunden sind, nicht schlafen zu können, gehen genau in diese Richtung. Wir fürchten, am nächsten Tag nicht fit zu sein, wenn die Nacht schlecht war, nicht durchhalten zu können, es nicht zu schaffen, was immer „es" im Moment auch ist. Im Grunde ist das hier harte Währung geworden im Alltagskampf der Mehrfachbelasteten: die Frage, ob deine Nacht gut oder schlecht war, wie du schläfst, wie du aufwachst. Durch das Schlafen in zwei Portionen ist es mir zum ersten Mal gelungen, mich dem innerlich zu entziehen. Die Nacht ist für mich kein Entmüdungsbecken mehr, in dem ich mich ungeduldig auf die Anforderungen des Tages vorbereite, sondern sie hat wieder ein Eigenleben. Sie ist die Zeit, in der ich schlafe, aber auch die, in der ich ziellos durch die Wohnung wandere, einlullende Bücher lese, Kreuzworträtsel löse oder einfach nur aus dem Fenster schaue.

Schlafforscher*innen nennen diesen Zustand „non-anxious wakefullness", unangespannte Wachheit, im Gegensatz zur angespannten Wachheit des Grübelns und Nicht-wieder-einschlafen-Könnens. Tatsächlich ist es mir im letzten halben Jahr nur zwei- oder dreimal nicht gelungen, im Morgengrauen noch mal für ein paar Stunden wieder einzuschlafen. Und dann hilft, wenn man weiß, dass jeder einigermaßen gesunde Mensch genug Reserven hat, um nach einer Nacht mit nur drei oder vier Stunden Schlaf ganz gut durch den nächsten Tag zu kommen. Auch das sagt die Schlafforschung, und tatsächlich geht es.

Der segmentierte Schlaf beschert einem im Laufe der Zeit zwar auch tagsüber eine weniger angespannte Wachheit, aber man zahlt durchaus einen Preis dafür: Ich wache nur gegen drei auf, wenn ich zwischen zehn und elf ins Bett gegangen bin. Der segmentierte Lebenswandel passt also nicht so gut zu irgendeiner Art von Partymodus. Andererseits gehe ich seit Jahren ganz gern um diese Zeit schlafen, und wenn ich es nicht getan habe, dann meist, weil ich mir irgendwas beweisen oder dem Tag noch was abringen wollte, das er gar nicht mehr im Programm hatte.

Wenn man sich an ihn gewöhnt und ihn gepflegt hat, kommt der segmentierte Schlaf nach einer Weile immer wieder zu einem zurück und mit ihm diese andere Art von Nacht, die nur einem selbst gehört. Im berühmten „Abendlied" beschreibt Matthias Claudius die Nacht als „eine stille Kammer, wo Ihr des Tages Jammer verschlafen und vergessen sollt". Früher fand ich das Bild mit der Kammer passend. Aber sobald man sich ein Stück herausbricht aus dem Schlaf, kommt einem die Nacht nicht mehr wie ein enger Raum vor, sondern wie ein großer punktuell beleuchteter Saal, dessen Pracht man nur ahnen kann und der sich immer wieder aufs Neue nur für eine einzige Person öffnet.

Ildikó von Kürthy

Hauptsache, gut geschlafen?

Zungenkuss. Kupplung kommen lassen. Einschlafen. Es gibt Dinge im menschlichen Dasein, die sollte man machen, ohne darüber nachzudenken. Auch im Umgang mit zornigen Lebensgefährten und Pin-Nummern ist ein natürlicher, quasi unbewusster Umgang empfehlenswert. Fängt man erst mal das Grübeln an, geht meistens was schief. Bedauerlicherweise bin ich selbst dafür das durchschnittlichste und beste Beispiel: Brauche ich ganz dringend Geld, haste zum Automaten und wispere mantramäßig vier Zahlen vor mich hin, dann ist es garantiert gleich wieder so weit: „Die eingegebene Geheimzahl ist falsch. Ihre Karte wird eingezogen." Oder: Je pädagogisch sinnvoller und angelesener ich auf meinen schwierigen Lebenspartner reagiere, desto größer ist die Chance, dass ich wenig später Sekt saufend bei einer Single-Freundin hocke und sie hingebungsvoll um ihre Lebensform beneide. Oder: Kaum fange ich an, bewusst zu atmen, fühle ich mich dem Erstickungstod nahe. Kaum fange ich an, bewusst einzuparken, wird die Schlange hupender

Besserwisser hinter mir immer länger. Und: Je dringender ich einschlafen will, desto wacher liege ich.

Es ist doch so: Je wichtiger der Termin morgens um acht ist, desto höher die Wahrscheinlichkeit, dass man um eins noch kein Auge zugemacht hat – obschon man seit zehn meditierend im Bett liegt, mit Kuschelsocken aus Angorawolle an den Füßen, zwei Tässchen zimmerwarmem Bio-Schlaftee im Blut und einer 5.000-Euro-Matratze aus intermolekular gepresstem Kaltschaum unterm Hintern. Eigentlich nicht verwunderlich, dass der Deutsche dann am besten schläft, wenn er es nicht muss: von Samstag auf Sonntag. Die unruhigste Nacht in Deutschland hingegen ist die von Sonntag auf Montag, denn da kommt's ja wieder drauf an, am nächsten Morgen leistungsfähig und entspannt rüberzukommen. Nur die Hälfte der Deutschen schläft gut genug. Wenn Sie zu denen gehören, dann machen Sie bloß, dass Sie jetzt wegkommen. Jeder, der nicht weiß, was ein Concealer ist und dass er erfunden wurde, um Augenringe abzudecken, jeder, der noch nie die unsäglichen „Sexy Clips" im Fernseh-Nachtprogramm gesehen hat, jeder, der noch nie ein Nutellabrot um drei Uhr morgens gegessen, den schnarchenden Partner, den gnadenlosen Wecker, die rotierenden Gedanken verwunscht hat, sollte sofort aufhören zu lesen. Weiterblättern. Weiterschlafen. Gute Nacht. Weil, wenn Ihnen bewusst wird, wie wichtig Schlaf ist, wie lebenswichtig, wie störanfällig er ist, was für ein immer rarer werdendes Geschenk er ist, dass 90 Prozent unserer Gesundheit von der Qualität unseres Schlafes abhängen, wenn Ihnen bewusst wird, was für ein Schweineglück Sie haben, weil Sie kein Problem haben – nun, dann hätten Sie womöglich bald eines. Und dann wäre es vorbei mit der gesegneten Nachtruhe. Und dann würden Sie mal sehen, in wie vielen anderen Wohnungen auch zur Unzeit das Licht an- und die Kühlschranktür aufgeht. 12 Millionen Deutsche haben ein wirklich behandlungsbedürftiges Schlafproblem. Und es wird ja keinen so richtig wundern, dass wir Frauen beim schlechten Schlafen wieder mal ganz weit vorn sind. Stress und Depressionen halten auch Männer wach. Aber ich sag nur: Hormone. Diese verdammten Dinger beeinträchtigen unsere Nachtruhe während der Menstruation, während der ersten Tage des Zyklus und kurz nach dem Eisprung. Da bleibt nicht mehr viel Zeit zum Ausruhen. Auch in den menstruationsfreien Zeiten, während Schwangerschaft und Stillzeit, gibt es keinen Grund zu frohlocken: Schon mal im Bett von rechts nach links gedreht mit drei Kilo Baby im Bauch und zwei Körbchengrößen mehr pro Brust? Schon mal morgens in den Spiegel geschaut als Mutter eines Säuglings, der um Mitternacht, um zwei, um drei und um sechs seinem Namen alle Ehre macht? Nein, da siehst du kein bisschen besser aus, als du dich fühlst. Wenn man als Frau das alles hinter sich hat, kommen die Wechseljahre mit nächtlichen Hitzewallungen. Und danach ist man dann noch 'ne ganze Weile alt. Und alte Leute schlafen sowieso schlecht. „Ich liebe den Schlaf. Er mich leider nicht." Das sagt meine Freundin Anja. Bis sie 16 war, hatte sie gar nicht bemerkt, dass sie zu wenig schlief. Sie dachte, es sei völlig normal, nachts mindestens viermal aufzuwachen, aufzustehen, zu essen, zu lesen, Hausaufgaben zu machen. Die Nacht war für sie immer Teil des Tages, bloß dunkler. Das vertraute Geräusch ihrer Kindheit war die Brotschneidemaschine – morgens um vier. „Irgendeiner aus meiner Familie war um die Zeit eigentlich immer in der Küche. Ich dachte, das muss so sein. Ich habe Kinderbücher geliebt, die nachts spielten, *Peterchens Mondfahrt* und *Der kleine Häwelmann*. Mit elf fing ich an, Kaffee zu trinken." Selbst die Müdigkeit tagsüber erschien ihr natürlich. Bis sie zum ersten Mal bei ihrem Freund übernachtete. Der schlief binnen Sekunden auf dem Rücken liegend ein, schnarchte und schmatzte vor sich hin und wurde nach acht Stunden topfit wieder wach.

„Ich habe ihn mit leichter Aggression beneidet. In dieser Nacht entstand meine Neigung zu Schlafbrillen, Ohrenstöpseln und getrennten Schlafzimmern." Ich muss sagen, dass sich in meinem privaten Umfeld fast keine Frau befindet, die nicht unter den Geräuschen leidet, die ihr Partner nachts von sich gibt. „Ich würde ihn sehr gern erwürgen" oder „Wie konnte ich nur so ein grunzendes Monster heiraten?" sind unter den Aussagen über schnarchende Männer noch die freundlichsten. Wobei ein Mann nicht mal schnarchen muss, um veritable Hassgefühle bei seiner wach liegenden Lebensgefährtin zu wecken. Allein die Tatsache, dass er schläft, während man sich selbst hin und her wälzt, wird bereits als Affront empfunden. Das ist, wie mit jemandem zusammenzuleben, der jeden Abend eine Schachtel Toffifee aufisst und immer noch in seinen Konfirmandenanzug passt. Während man selbst schon zulegt, wenn man sich mal zwei Pinienkernchen auf dem Salat gönnt.

Das Leben an der Seite von Menschen, die ohne Probleme schlafen und essen können, ist hart. Und auch das Reisen an der Seite solcher Tiefschläfer ist keine Freude. Mein Freund Bert knackt überall sofort ein. Es reicht, dass er sich hinlegt. Oder hinsetzt. Oder sich langweilt. Die Fleisch gewordene Insel der Ruhe. Er ist genau der Typ, dessen Kopf im Flugzeug auf deine Schulter sinkt, wenn die Maschine fundamental knarzend von Luftloch zu Luftloch stürzt. Und während du dich mental auf eine Notlandung vorbereitest, rinnen aus seinem Mund Speichelfäden auf deine angstschweißdurchnässte Bluse. Bert ist sogar mal eingeschlafen – und das ist wirklich nicht erfunden –, während seine Mutter mit ihm sprach! Und nee, nicht am Telefon, es war an Ostern, und sie saß im Sessel und er auf der Couch. „Das einzig Schlimme daran war", sagt Bert bis heute schuldbewusstlos, „dass sie das nicht einmal gemerkt hat." Jetzt hat ihn allerdings das Schicksal mit einer Frau gestraft, die schlecht einschlafen kann, vorzugsweise nachts über die Beziehung diskutieren möchte und sich durch das Ticken von Berts Wecker gestört fühlt. Ab und zu packt sie den Wecker heimlich in ein Handtuch und legt ihn unters Bett. Was zur Folge hat, dass sie das Ticken immer noch, er jedoch das Klingeln nicht hört. Bei manchen Paaren wundere ich mich wirklich, warum die so hartnäckig an der Idee vom gemeinsamen Nachtlager festhalten. Man sollte mal eine Studie in Auftrag geben, wie viele ehemals Liebende sich noch lieben würden, wenn einer von ihnen rechtzeitig ein eigenes Bett bezogen hätte. Mir allein sind zwei Frauen

bekannt, die nicht ohne Schlafbrille einschlafen können. Eine von ihnen liegt zusätzlich auf einem Lammfell und, je nach Jahreszeit, unter einer Heizdecke.
„Um die optimale Schlaftemperatur von 29 Grad unter
der Decke zu gewährleisten", wie sie sagt. Ich mag
diese Frau sehr, aber was das Schlafen angeht, ist sie
echt ein bisschen hysterisch. Ihr Freund macht sich
auch immer derbe darüber lustig – oft ist er allerdings
derjenige, der morgens auf dem Lammfell, und sie die,
die an die Ecke des großen Bettes gedrängt aufwacht,
nur mit Schlafbrille bekleidet.

Das aber ist nichts gegen den wunderbaren Satz: „Nur
noch ein paar Seiten, Mäuslein." Während man selbst,
um Schönheitsschlaf und Zellerneuerung besorgt, das
Licht Punkt zehn Uhr ausknipst, wird auf der Bett-
hälfte nebenan bis weit nach Mitternacht penetrant
mit dem „FAZ"- Feuilleton geraschelt. Ohrenstöpsel?
Vergessens Sie's!

Dabei ist es ungemein wichtig, dass man sich als Paar
im Bett gut versteht, denn, man muss sich das mal
vorstellen: Wir verbringen ein Drittel unseres Lebens
mit Schlafen. Viel mehr als mit Essen, Sex, Sport, im
Urlaub oder beim Haareschneiden. Und trotzdem gibt
es viel, viel mehr Ernährungsratgeber, Yogafibeln und
Reiseführer als Bücher über gelungenen Schlaf. Ein

Drittel des Lebens! Das sind bei einer Lebenserwartung von 80 fast 27 Jahre! Fünf Jahre davon entfallen allein aufs Träumen. Ein mordsmäßiger Anteil des menschlichen Lebens, und man sollte meinen, dass der mindestens ebenso gut erforscht ist wie der Anteil des Lebens, den der Mensch, sagen wir mal, beim Nordic Walking verbringt. Ist aber nicht so.

Die peinlichste Frage, die man einem Schlafforscher stellen kann, lautet deshalb: „Was ist Schlaf eigentlich genau?" Der Schlaf bleibt geheimnisvoll, irgendwie sogar unheimlich. Mir wird noch heute mulmig zumute, wenn ich mich an das Einschlaflied meiner Kinderzeit erinnere, mit der fahrlässigen Textzeile: „Morgen früh, wenn Gott will, wirst du wieder geweckt." Ja herrje, und wenn der nicht will? Dann muss ich ewig weiterschlafen? Dann bleibe ich womöglich für immer stecken in dem „Wahrnehmungsloch in der Zeit"? Ist nicht von mir, sondern von dem amerikanischen Schlafforscher William C. Dement. Mir war der Schlaf nicht geheuer, und meine Mutter textete schleunigst das Lied um, zur Vermeidung späterer Schlafstörungen: „Morgen früh, wann Gott will…"

Es hat gewirkt. Heute liebe ich es einzuschlafen. Dieser herrliche, wachsweiche, heimelige Moment. Wenn womöglich jemand, der es gut mit mir meint, noch liebe kleine Geräusche in der Küche macht oder nebenan vorm murmeligen Fernseher sitzt. Dann gebe ich mich her, und mein schönstes Zuhause ist der Schlaf, „der die Stirne des Kummers entrunzelt, Balsam verwundeter Gemüter, die heilsamste Erquickung der Natur und die nahrhafteste Speise im Gastmahl des Lebens". Nein, auch das ist jetzt wider Erwarten nicht von mir, sondern von William Shakespeare.

Der Neurobiologe Peter Spork hat ein dickes Buch übers Schlafen geschrieben. Er kennt jede Schlafstudie und jedes Experiment – ja sogar Fadenwürmer und Quallen brauchen ihren Schlaf, und Ratten sterben nach 16 Tagen Schlafentzug! Peter Spork sagt: „Was genau im Schlaf passiert, das weiß man aber dummerweise noch nicht. Klar ist nur: Irgendwas geschieht da, Nacht für Nacht, was ungeheuerlich wichtig ist. Unser Gehirn muss allein mit sich sein, abgeschottet von der Außenwelt, um zu gewichten, zu funktionieren."

Im Tiefschlaf sortiert das Gehirn die Gedächtnisinhalte. Unwichtige Nervenverknüpfungen werden abgebaut, wichtige im Langzeitspeicher des Großhirns abgelegt. Wenn man sich also beispielsweise seine Pin-Nummer merken will, dann sollte man im wachen Zustand häufig an sie denken. Dann weiß das Gehirn, dass es diese Erinnerung wichtig nehmen soll, und speichert sie im Schlaf ab. Peter Spork sagt: „Wenn man nach einer Tennis-Trainerstunde die Nacht durchmacht, hat man das Geld umsonst ausgegeben. Beim Training bauen sich neue Nervenverknüpfungen auf, die nach 30 Stunden ohne Schlaf wieder verloren gehen – und dann spielt man nicht besser als jemand, der nicht beim Training war. Einige Forscher überlegen sogar, Menschen nach einem traumatischen Erlebnis gezielt am Schlafen zu hindern, damit sie das Erlebte vergessen und keine dauerhaften Schäden davontragen."

Käthe Lachmann

Man(n) müsste mal ...

Weil ich total kaputt war am letzten Tag einer schier nicht enden wollenden Arbeitswoche, sagte ich Lissys Abendessen ab. „Ich will einfach nur nach Hause und aufs Sofa, sorry", simste ich meiner besten Freundin um fünf aus dem Büro. Ich würde sie später von meiner Couch aus noch mal anrufen. Postwendend kamen drei verschiedene Emojis zurück: eines mit entsetzt aufgerissenen Augen, eines mit sturzbacbartigen Tränen und ein pochendes Herz. Dennoch: Lissy würde auch nur mit Karla und Mike einen schönen Abend haben, da war ich mir sicher; ich dagegen mit einem Buch oder Netflix.

Zuhause angekommen war ich zu müde, mir etwas zu essen zu machen. Ob noch eine Tiefkühlpizza im Gefrierfach war, würde ich wohl erst einmal nicht herausfinden, denn eine dicke Eisschicht machte mir den Zugriff unmöglich. „Man müsste mal wieder den Kühlschrank abtauen ...", murmelte ich gähnend vor mich hin, schnitt mir nur ein großes Stück Käse ab und stocherte in einem Glas Gurken herum, bis ich die letzten zwei Cornichons, die noch traurig darin herumschwammen, erwischte und mir einverleibte.

Dann machte ich es mir vor der Glotze gemütlich.

Es klingelte an der Tür, und statt mich auf den Weg zu ebendieser zu machen, guckte ich auf meine Uhr: Es war kurz nach sieben, wer konnte das sein? Hatte ich ein Päckchen für einen Nachbarn angenommen? Seufzend schleppte ich mich in den Flur. Es klingelte noch mal. „Ich komm ja schon!", meckerte ich und öffnete.

„Guten Abend. Ich hörte, sie müssten mal?" Der diese Worte aussprach, war ein gepflegter Herr Mitte vierzig im anthrazitfarbenen Anzug mit Weste und Krawatte und einer farblich passenden Schiebermütze, der angenehm pflaumig nach trockenem Pfeifentabak duftete.

„Wie? Ich war doch gerade!", entfuhr es mir.

„Nein, ich meine, den Kühlschrank abtauen!" Mit diesen Worten schob mich der Herr sanft zur Seite und machte sich in der Küche zu schaffen.

Was war das? Und vor allem, wer war das? Protestierend folgte ich ihm: „He, was machen Sie da? Und wer sind Sie überhaupt?"

Seltsamerweise konnte ich nicht behaupten, dass ich schlagartig hellwach war, wie man es vielleicht vermuten würde, wenn ein wildfremder Mann sich Zugang zur eigenen Wohnung verschaffte, aber tatsächlich war ich wesentlich weniger aufgebracht, als es die Situation erfordert hätte. Irgendwie fühlte es sich gut an, dass da jemand das leere Glas Gurken in der Spüle ausleerte und zum Altglas stellte, verschimmelte vegetarische Brotaufstriche in den Müll warf und alle noch guten Lebensmittel in eine Kühlbox sortierte (woher die kam, wusste ich nicht) und auf den Balkon stellte. „Sie können es sich ruhig auf dem Sofa bequem machen. Ich mache das fertig. Jetzt kommt auf Arte gleich eine wunderschöne Dokumentation über die Schlösser an der Loire. Genießen Sie Ihren Feierabend", ließ er mich mit sanfter Stimme wissen und ich nahm noch einen tiefen Zug Pflaumentabakduft, zu müde, ihm zu widersprechen, und tat, wie mir geheißen.

Als ich nachts aufwachte und ins Bett umziehen wollte, dachte ich an meinen seltsamen Traum und beschloss, obwohl es ja nur ein Traum gewesen sein konnte, dennoch kurz in den Kühlschrank zu linsen. Plötzlich war ich hellwach: Das Eis war weg, alles blitzsauber und aufgeräumt. Wie nur konnte das sein? War ich jetzt verrückt geworden? Wo war dieser gut duftende Herr? Und: Hatte er etwas mitgenommen?

Obschon ich nicht über viele Wertgegenstände verfügte, lief ich schnell in mein Arbeitszimmer: Der Laptop war noch da, ebenso die Ohrringe mit den winzigen Diamanten und ja, natürlich, der Fernseher, vor dem ich aufgewacht war. Er hatte ihn allerdings ausgeschaltet. Ein kalter Schauer lief mir den Rücken hinunter, als ich in der Küche nach eventuellen Zeichen seiner Existenz suchte. Und siehe da: Er hatte einen Zettel dagelassen. „Bitte sprechen Sie nicht über mich, denn nur dann kann ich wiederkommen. Viele Grüße, Ihr Man-müsste-mal-Mann". War der bekloppt? Natürlich würde ich nicht über ihn sprechen, mit wem denn? Von wem wollte ich denn, dass er mich für völlig unzurechnungsfähig hielt? Von niemandem! Oder war ich das selbst gewesen? War ich so gestresst, dass ich mir selbst Zettel schrieb, um daraufhin einen extrem verstörenden Traum zu träumen?

„Ich brauche eine Pause… Man müsste mal wieder Urlaub machen!", dachte ich, als mein Festnetztelefon klingelte. „Hallo, Sie sind ja wach!" Ich meinte, durch das Telefon den süßlichen Duft zu riechen. „Ja, äh, sind Sie das? Der Herr, der meinen Kühlschrank abgetaut hat? Das ging ja schnell…" Er lachte. „Nun, ich mache das ja nicht zum ersten Mal. Weswegen ich allerdings anrufe: Sie haben ab morgen eine Woche frei. Ich habe das mit Ihrem Chef geklärt. Sie können also ausschlafen!"

„Ja, sicher!", murmelte ich und verdrehte die Augen, bevor ich auflegte. Einen Kühlschrank abzutauen war das eine, aber einfach mal freizuhaben – das war schwieriger, als zu Coronazeiten Hefe zu kaufen. Es gab so viel zu tun im Büro, ich konnte meinen Chef einfach nicht darum bitten! Wenn ich nicht kam, würden meine Kollegen die ganze Arbeit übernehmen müssen – das konnte ich ihnen nicht antun! Natürlich hatte ich ihnen auch schon das ein oder andere Mal etwas abgenommen, aber mir ging die Arbeit ja auch flott von der Hand.

Ich zog mich bis auf die Unterwäsche aus und schlüpfte ins Bett. Bevor ich einschlief, versicherte ich mich, dass der Wecker auf halb sieben stand.

Zum ersten Mal seit Langem war ich ziemlich ausgeruht und als eine der Ersten im Büro. Freudig wollte ich mich ans Werk begeben und fuhr meinen Computer hoch, da klopfte Hannes, mein Chef, an die Tür: „Du hier? Du hast doch frei! Oder hast du nur etwas vergessen?" „Ich ... äh ...", stammelte ich.

„Dein Freund hat ganz recht, du musst dringend mal freihaben. Ich krieg ja Probleme, so viel wie du arbeitest. Und es ist besser, du bist mal eine Woche weg und kannst dann erholt wieder mit voller Kraft loslegen, als dass du mir hier irgendwann zusammenklappst. Du hattest zwei Jahre keinen Urlaub mehr! Darauf musst du schon auch ein bisschen achten. Und jetzt zisch ab!" Er reichte mir meine Jacke, die ich über den Besucherstuhl geworfen hatte, und öffnete die Tür.

Im Auto nach Hause konnte ich es immer noch kaum fassen. Es sah ganz so aus, als hätte ich tatsächlich frei! Meine Kollegen, die ich im Lift getroffen hatte, hatten mir auch schöne Ferien gewünscht. Es war kein Traum gewesen, was ich da gestern erlebt hatte, wenn es sich auch immer noch so anfühlte. Der „Man-müsste-mal-Mann" hatte mir eine ganze Woche Urlaub verschafft! Ich musste mich unbedingt bei ihm bedanken.

Fröhlich pfiff ich ein Lied vor mich hin. Ein Lied, was ich gar nicht besonders gerne mochte, aber es kam mir eben gerade in den Sinn. Was sollte ich jetzt mit der freien Zeit anfangen? Natürlich gab es einen Berg unerledigter Dinge, zu denen ich bei meinem Arbeitspensum nicht gekommen war, wie bügeln, frisches Obst und Gemüse einkaufen, Unkraut jäten, aufräumen, mehr Sport treiben, den Backofen reinigen – wahrscheinlich würde ich die zuerst einmal abarbeiten. Aber es sollte auch Zeit für Sachen bleiben, die einfach nur Spaß machten.

Und außerdem müsste ich unbedingt endlich mal meine Steuererklärung machen – kaum hatte ich das gedacht, klingelte mein Handy, und noch bevor ich drangegangen war, duftete es auch schon wieder nach Pflaumentabak.

„Erschrecken Sie bitte nicht, wenn Sie nach Hause kommen, ich war so frei und hab mir schon mal die Belege zusammengesucht. Ach ja, soll ich Ihnen einen Kaffee machen?"

Allmählich begann mir das etwas Angst zu machen. Der saß jetzt einfach so bei mir zu Hause? Ein wildfremder Mann? Das konnte doch wohl nicht wahr sein! Daheim angekommen, klingelte ich, bevor ich aufschloss. Vielleicht war ja auch gar niemand im Haus. Im Flur rief ich laut: „Hallo?", und bekam postwendend Antwort: „Ich bin hier, in Ihrem Arbeitszimmer! Kaffee steht in der Küche!"

Mit klopfendem Herzen ging ich dorthin, wo der Tabakduft am süßesten war. Da saß er, wieder im adretten Anzug, und sortierte meine Belege. Das durfte doch nicht wahr sein, schoss es mir in den Sinn, man müsste mal die Polizei rufen! Doch kaum hatte ich das zu Ende gedacht, hatte mich der süße Duft schon wieder so besänftigt, dass ich es nicht für nötig hielt, irgendetwas gegen den Fremden zu unternehmen. Dennoch klingelte es postwendend und ich hörte durch die Tür: „Aufmachen, Polizei!"

Der Duft-Mann zuckte nur mit den Schultern, sah mich traurig an und sagte: „Denken Sie daran, was ich auf den Zettel geschrieben habe!"

„Ich komme!", rief ich, nicht wissend, was ich jetzt tun sollte. Einerseits war es wirklich extrem seltsam, dass mir jeder „Man-müsste-mal-Wunsch" von den Lippen abgelesen wurde, andererseits genoss ich ja auch gerade das. Als ich die Tür öffnete, guckten mich zwei Polizeibeamte ernst an: „Sie brauchen Hilfe?" und: „Was ist los?", fragten sie fast synchron.

„Ich äh, da, ich weiß nicht …", stammelte ich, während ich fieberhaft überlegte, was ich tun sollte. Da kam mir eine Idee: „Man müsste mal mit der Polizei über die Raser in der Straße und die Einrichtung einer Tempo-30-Zone reden!", sagte ich laut und prompt erklärte mir einer der beiden: „Eigentlich kommen wir wegen so etwas ja nicht vorbei, aber wir waren gerade in der Gegend und da wollten wir Ihnen nur sagen, dass wir das auch wahrnehmen, dass hier zu schnell gefahren wird und dass wir etwas dagegen unternehmen wollen." „Wir haben das schon an das Rathaus weitergeleitet und werden weiterhin Geschwindigkeitskontrollen vornehmen", ergänzte der andere, woraufhin ich mich bedankte und die beiden aus der Türe schob. Uff. Das war gerade noch mal gut gegangen.

Was aber wollte ich denn jetzt eigentlich mit meiner gewonnenen Freizeit anfangen? Ich ging in die Küche, schenkte mir einen Kaffee ein und setzte mich, um nachzudenken. Dabei fiel mein Blick auf den Backofen und ich konnte nicht anders, als zu denken, puh, man müsste mal den Backofen reinigen, obschon ich wusste, was gleich darauf passieren würde. Und genau so war es. Es duftete pflaumentabakig und der MMM machte sich ans Werk, während er mir erzählte, dass ich 1.372,00 Euro Steuern zurückgezahlt bekommen würde.

Na gut. Dann würde ich diese seltsame Situation eben einfach genießen und ihn alles machen lassen, worauf ich keine Lust hatte, was aber dringend mal gemacht werden müsste: Er rief bei meiner Ex-Schwiegermutter an, um sich für das entsetzliche Ölgemälde, das sie mir zum Geburtstag geschickt hatte, zu bedanken, er kärcherte den Balkon, auf dem sich Moose abgesetzt hatten, nähte Knöpfe an die Kleider, Röcke und Blusen, die auf dem Reparierhaufen lagen, und las mir „Schuld und Sühne" vor, wobei ich sanft einschlummerte.

Er sortierte die Socken in meiner Sockenschublade, brachte mein Auto zur Inspektion und scannte meine alten Fotos ein, räumte meinen Computer auf, wusch meine Vorhänge, wischte überall Staub, auch auf den Schränken, versorgte alle Pflanzen mit Düngestäbchen und, und, und.

Nach zwei Tagen fiel mir nichts mehr ein, was man mal müsste. Der MMM war durch die Wohnung geflitzt, hatte Leiter, Staubsauger und Wischeimer durch die Gegend geschleppt, Telefonate erledigt und Rechnungen beglichen, meine Versicherungen zugunsten von günstigeren geändert und mir sogar endlich das Kleid genäht, für das ich seit Langem schon den Stoff nebst Schnittmuster da liegen hatte. Er hatte meine Schutzimpfungen aufgefrischt und mir die Haare geschnitten sowie meinen Dachboden entrümpelt.

Und obschon er alles für mich erledigt hatte, war ich erschöpft. Kaputt vom Zugucken, vom Mitmachen und Überlegen, was man noch alles „mal müsste". Ich sollte doch meine freie Zeit dafür nutzen, endlich mal etwas nur für mich zu tun, etwas, das mir guttat, und nicht nur Sachen, von denen ich dachte, dass sie erledigt werden müssten. Was aber konnte das sein? „Man müsste mal wieder Yoga machen…", dachte ich kurz und haute mir sofort auf den Mund. Natürlich saß ich fast zeitgleich auf meiner Yogamatte und verrenkte mich so, wie der MMM es mir vorturnte. Sein betörender Duft machte es mir unmöglich, etwas anderes zu tun.

Erschöpft blieb ich nach einer kräftezehrenden Stunde auf der Yogamatte liegen. Ich konnte nicht mehr. So toll das war mit dem Man-müsste-mal-Mann, so anstrengend war es auch. Inzwischen waren von der freien Woche nur noch drei Tage übrig.

Ich ging in den Keller, wo mein Helfer sich gerade an dem riesigen Berg Bügelwäsche zu schaffen machte. Als ich eintrat, guckte er mich fragend an: „Man müsste mal…" seufzte ich und winkte ab: „Ach, gar nichts müsste man mal. Außer Pause machen."

Er strahlte. „Dann kann ich mich ja verabschieden!", und war weg. Einfach nicht mehr da. „Hallo?", rief ich. „Hallo, ich will mich doch noch bedanken!" Sein Duft stieg mir kurz in die Nase, wie ein Zeichen, dass mein Dank bei ihm angekommen war, dann verflüchtigte sich auch der.

Und ich machte erst einmal einen langen Mittagsschlaf.

Hans Fallada

Ruhe, jetzt wird gearbeitet!

Ein paar Tage gehe ich noch still umher. In meinem
Kopf wiederholt sich mit hartnäckiger Regelmäßigkeit
ein ganz bestimmter Satz, der erste Satz meines neuen
Romans. Wenn ich mit dem Hund spazieren gehe, oder
wenn das Licht gelöscht ist, im Einschlafen, oder mitten in unserer fröhlichen Tischrunde überfällt es mich,
und ich fange an, die erste Szene aufzubauen. In der
großen Linie weiß ich längst, wie der neue Roman
laufen wird, aber nun arbeitet mein Kopf an dem ersten Kapitel, was der sagen wird, wie jene Person einzu-
führen ist. Mein Kopf ist hartnäckig, unerbittlich kaut
er den Stoff des ersten Kapitels immer wieder durch.
Ärgerlich sage ich zu ihm: ‚Ja, ja, das weiß ich nun
schon, mein Lieber! Denk doch mal über das zweite
Kapitel nach!‘
Aber das will er nicht. Er will sich jetzt nur mit dem
ersten Kapitel beschäftigen; bis das niedergeschrieben
ist, weigert er sich, über das zweite nachzudenken.
Also muss ich mich zur Niederschrift des ersten ent-
schließen.

Ich nehme all meinen Mut zusammen, ich benutze einen Augenblick, da ich mit Suse allein bin, und sage zu ihr: „Du, Suse, ich glaube, ich fange wieder mit Arbeiten an…"

„O Gott, Junge!", ruft sie und schaut mich erschrocken an. „Schon wieder? Und du hast mir fest versprochen, diesmal mindestens ein Vierteljahr Pause zu machen! Du warst das letzte Mal völlig erledigt, als du fertig warst!"

„Ja, ich weiß", gebe ich schuldbewusst zu. „Diesmal wollte ich auch bestimmt gründlich ausruhen. Aber die Sache ist die, dass mein Kopf plötzlich wieder zu arbeiten angefangen hat, ich wollte es wirklich nicht. Und nun predigt er mir ewig den gleichen Text vor, und wenn ich ihn jetzt nicht niederschreibe, so wird er abgestanden und verbraucht, und ich habe ihn für ewig verloren."

„So lass ihn verlorengehen!", ruft Suse. „Dir fällt immer wieder etwas Neues ein. Du musst dich wirklich einmal gründlich ausruhen. Du machst eigentlich überhaupt keine Pause mehr zwischen deinen Arbeiten!"

„Suse", sage ich vorwurfsvoll, „sage doch bloß so was nicht! Ich habe jetzt volle drei Wochen pausiert. In diesen drei Wochen habe ich alles aufgearbeitet, was liegen geblieben war. Ich habe sämtliche Rohbilanzen gemacht, die Kasse stimmt auf den Pfennig. Ich habe die Bücher neu geordnet, und das Bücherverzeichnis ist auf dem Laufenden, auch das Schallplattenverzeichnis. Alle Fotos sind eingeklebt, alle Schränke geordnet. Ich habe den Schalter in deinem Zimmer repariert und aus der Senkgrube den silbernen Löffel gefischt, den Achim reingeworfen hatte. Meine Bienen sind versorgt, ich habe sogar schon den Bestellplan für das nächste Jahr gemacht und den Kunstdüngerbedarf ausgerechnet. Meine Briefmappe ist völlig leer, ich weiß keinen Menschen mehr, an den ich schreiben könnte. Suse", sage ich bittend, „ich komme mir ohne Arbeit wie der überflüssigste Mensch von der Welt vor, ich muss wieder arbeiten!"

„Aber ruhe dich doch einmal richtig aus! Lege dich doch im Liegestuhl in die Sonne und lies ein Buch. Bade. Geh mit den Kindern spazieren. Nimm richtig einmal Urlaub, wie es jeder vernünftige Mensch tut."

„Aber da ist dieser Stoff, den ich im Kopf habe", widerspreche ich hartnäckig. „Es ist ein hübscher kleiner Stoff, ich möchte ihn nicht gerne verlieren."

„Du wirst ihn schon nicht verlieren!", ruft Suse wieder. „Wenn du es hier nicht aushalten kannst, so geh ein bisschen auf Reisen. Deine Mutter schreibt schon so lange, warum du gar nicht kommst? Zwei Jahre bist du jetzt nicht bei ihr gewesen!"

„Ach, Reisen!", sage ich. „Du weißt, ich vertrage das Reisen nicht, ich kann nicht unter so vielen Menschen sein. Und dann das ewige Reden ... Nein, am wohlsten fühle ich mich hier in meiner Höhle. Ich möchte mit Arbeiten anfangen."

„Ja", sagt Suse bitter. „Das möchtest du. Und ich weiß ja auch, alles Reden nützt nichts, wenn du dir das erst einmal in den Kopf gesetzt hast. Aber wenn du fertig bist, klappst du wieder zusammen, und ich kann dich als halbe Leiche in ein Sanatorium schaffen –!"

„Diesmal klappe ich bestimmt nicht zusammen!", sage ich siegesgewiss. „Diesmal wird es ja nur ein Romän-chen, 350, höchstens 400 Druckseiten. Ich habe gedacht, Suse", fahre ich überredend fort, „ich setze mein Tagespensum auf sechs Druckseiten fest. Dann kann ich vormittags noch mit dem Hund spazieren gehen und habe den Nachmittag für allen Kleinkram frei. Das ist doch wirklich ein bequemer Arbeitsplan!"

„Das von den sechs Druckseiten täglich", sagt Suse, „das habe ich nun schon bei jedem Roman von dir gehört, und nie hast du es eingehalten. Zum Schluss schreibst du dann doch wieder 20 oder gar 25 und schläfst überhaupt nicht mehr!"

„Aber Suse", lächle ich überlegen. „Das kann bei die-sem Romänlein nun wirklich nicht passieren. Wenn ich

20 Druckseiten am Tage schreiben wollte, so wäre ich in vierzehn Tagen mit dem ganzen Buch durch. So was tue selbst ich nicht!"

„Ach, red du!", meint Suse ärgerlich. „Aber wem nicht zu raten ist, dem ist auch nicht zu helfen! Wann willst du denn anfangen?"

„Ich habe gedacht, morgen …"

„Und in welchem Zimmer willst du diesmal arbeiten?"

„Ich nehme das Balkonzimmer. Es ist doch am ruhigsten. Man hört dort nichts vom Hof und von der Küche."

„Aber wenn jemand im Garten ist, wirst du gestört."

„Das wird ja diesmal alles gar nicht so schlimm. Sechs Seiten Tagespensum, das ist doch nur ein Klacks für mich. Ich bin augenblicklich auch gar nicht sehr geräuschempfindlich und schlafe für meine Verhältnisse ganz gut."

„Also schön", ergibt sich Suse. „Dann werde ich allen im Haus Bescheid sagen, dass du von morgen an arbeitest. Die werden sich aber freuen –!"

Erleichterten Herzens begebe ich mich in mein künftiges Arbeitsgemach hinauf und fange an, mich einzurichten. Die Aussprache mit Suse liegt hinter mir, sie ist einverstanden, dass ich wieder arbeite. Gottlob, dass dies Schwerste erledigt ist!

Harriet Köhler

Tag 2: Offline gehen

„Sie haben es noch nicht benutzt. Wir begrenzen daheim die Zeit, die unsere Kinder mit Technologie verbringen."
STEVE JOBS auf die Frage,
wie seine Teenager-Kinder das iPad finden

Nun muss ich doch einmal kurz Spielverderberin sein und ein Verbot aussprechen. Aber: Ich gelobe hiermit, dass es das einzige in diesem Buch sein wird. Sie dürfen in den zwei Wochen Urlaub daheim essen und trinken, was und so viel sie wollen. Sie dürfen faulenzen und ausschlafen, dösen und die Füße hochlegen, shoppen gehen, dummes Zeug reden, die Augen vor dem Schlechten in der Welt verschließen. Rauchen Sie! Verzichten Sie auf Sport! Bestellen Sie Mayonnaise zu Ihren Pommes! Aber der Urlaub zu Hause wird erst dann richtig losgehen können, wenn Sie diese eine Kleinigkeit erledigen: Schalten Sie bitte, bitte den Computer aus und lassen Sie möglichst auch die Finger vom Smartphone. Loggen Sie sich nicht bei Facebook ein. Nicht bei Instagram. Nicht bei Twitter. Legen Sie stattdessen Ihr Mobiltelefon in eine Schublade, die Sie nur dann öffnen, wenn es sich absolut nicht vermeiden lässt (was wahrscheinlich immer öfter sein wird, als es für Ihren Urlaub förderlich ist). Kramen Sie stattdessen Ihre alte Armbanduhr wieder raus, und schließen Sie, falls Sie Angst umtreibt, dass die Welt unbemerkt von Ihnen untergehen könnte, für die Dauer Ihres Urlaubs ein kostenloses Probeabo für eine Tageszeitung ab (in der Printausgabe natürlich).

Nicht, dass wir uns missverstehen: Ich finde das Internet super. Ich habe im Netz schon so viel gelernt, so viele interessante Meinungen gehört, in so viele fremde Welten geblickt – aber noch viel mehr Zeit habe ich blöd darin verdaddelt, ohne auch nur im Geringsten davon zu profitieren. Diese ständige Ablenkung! Nicht, dass bei mir im Sekundentakt E-Mails eintreffen würden; aber allein die Möglichkeit, jederzeit ins Internet gehen zu können, stellt eine dauernde Verlockung dar, der ich nur selten widerstehen kann, sodass ich immerfort irgendetwas recherchiere, aktualisiere und mich, statt in Gedanken, die sich als wichtig entpuppen könnten, in unwichtigen Details und Kleinigkeiten verliere. Wie viel produktiver ich arbeite, wenn ich nicht erreichbar bin! Wie viel besser ich denken kann, wenn ich nichts und niemanden erreichen kann! Und auch im Urlaub ist es klüger, sich nicht nur vom Job freizunehmen, sondern auch die elektronische Fußfessel abzulegen, die wir freiwillig mit uns führen. Denn wenn es stimmt, dass es in den Ferien vor allem darum geht, irgendwo anzukommen, idealerweise im Hier und Jetzt und bei uns selbst, dann wird uns das nicht gelingen, wenn wir aus diesem Hier und Jetzt ständig herausgerissen werden, weil ein kleiner Apparat leuchtet und piepst und vibriert.

Es soll ja Leute geben, die ihren Umgang mit dem Smartphone unter Kontrolle haben. Die es wirklich nur nutzen, damit man sie im Notfall erreichen kann, und sonst allenfalls mal nachsehen, ob der öffentliche Nahverkehr streikt oder in den nächsten Stunden Regen zu erwarten ist. Aber den meisten Leuten geht es offenbar anders. Je nach Studie nehmen wir es bis zu 214-mal am Tag in die Hand – da fällt es schwer, auf Kommando plötzlich die Finger davon zu lassen. Wir haben uns so daran gewöhnt, uns ständig daran zu klammern, dass wir uns ohne richtig nackt fühlen – fast so, als wären wir ohne Brieftasche unterwegs oder ohne Wohnungsschlüssel.

Wem ist das noch nicht passiert, dass er sich eigentlich eine halbe Stunde auf dem Sofa ausruhen wollte, dann aber aus irgendeinem Impuls heraus zum Handy griff und schließlich dabei hängen blieb? Wer hat noch nie nur rasch eine Mitteilung bei WhatsApp beantwortet, danach aber doch schnell bei Facebook reingeguckt, um – und dann ist aber wirklich Schluss – noch einen kurzen Blick in die Nachrichten zu werfen? Es könnte ja immerhin etwas passiert sein, und tatsächlich: Es gibt eine neue Hollywood-Scheidung, einen wichtigen Bundesliga-Transfer und wieder irgendeinen Politiker, der einem anderen Politiker Populismus vorwirft. Und ehe wir's uns versehen, sind wir schon wieder eine halbe Stunde irgendwo anders gewesen, anstatt das zu tun, was wir eigentlich tun wollten: Kraft schöpfen und einen Moment der Entspannung finden. Dann ärgern wir uns: weil wir insgeheim spüren, dass wir schon lange nicht mehr Herrinnen unserer eigenen Aufmerksamkeit sind, weil wir nicht einmal in unserer Freizeit selbstbestimmt sind, weil wir eigentlich Kindern gleichen, die es nicht lassen können, die Streusel von einem Kuchen zu picken, der erst für später ist. Am Ende fühlen wir uns, obwohl wir eine halbe Stunde auf dem Sofa gelegen haben, noch unwohler als zuvor und gucken, nur um uns von unserem Ärger abzulenken, gleich wieder aufs Smartphone. Wir sind fast ein bisschen so wie der Säufer bei Antoine de Saint-Exupéry, der trinkt, weil er so traurig ist, und traurig ist, weil er so viel trinkt.

Und dieser Drogenvergleich ist gar nicht so weit hergeholt. Manche Forscher vergleichen die Wirkung eines Smartphones auf ein Kindergehirn mit der von Kokain. Andere sprechen in dem Kontext vom „Steinzeitreflex": Weil unser Hirn darauf ausgelegt ist, auf kleinste Reize sofort zu reagieren (ein Rascheln im Gras könnte ja vom drohenden Angriff einen Säbelzahntigers künden), wird auch heute noch jede neue Nachricht, jeder aufblinkende Chatbeitrag (von Likes und Kommentaren gar nicht erst zu reden) mit der Ausschüttung von Botenstoffen wie Dopamin erwidert, die ein Kribbeln erzeugen, einen kleinen Kick. Der Computerwissenschaftler Tristan Harris vergleicht sein Smartphone sogar mit einem Glücksspielautomaten: „Immer, wenn ich auf mein Handy schaue, spiele ich, um zu sehen, was für mich drin ist – was kriege ich?" In seinem viel beachteten Essay *How Technology is Hijacking Your Mind* erklärt er, dass die Apps auf unseren Smartphones längst so gestaltet sind, dass sie süchtig machen: Denn die Programmierer sorgen dafür, dass jede unserer Aktionen (das Aktualisieren einer Nachrichtenseite, das Anklicken des Benachrichtigungsbuttons bei Facebook) mal mit interessanten, mal mit langweiligen

Inhalten belohnt und manchmal auch einfach ins Leere laufen gelassen wird. „Die Suchtgefahr", schreibt Harris, „ist dann am größten, wenn die Belohnungsrate am deutlichsten variiert." Denn wenn wir nicht vorhersehen können, ob sich uns als Nächstes ein banaler Werbebeitrag oder eine dramatische Neuigkeit präsentiert, sind wir bereit, wieder und wieder zum Handy zu greifen, um nachzusehen, welche Belohnung wir diesmal bekommen. Harris weiß, wovon er spricht: In seiner ersten Karriere als Mitarbeiter bei Google hat er versucht, ethische Standards dafür zu entwickeln, wie man mit der Aufmerksamkeit der Nutzer umgeht – allerdings ohne dafür Gehör zu finden. Nach seinem Ausstieg bei dem Giganten hat er das Center for Human Technology gegründet, um die Aufmerksamkeitsökonomie des World Wide Web zu reformieren. Er ist nun einer der größten Kritiker der Internetindustrie: „Wir alle sind mit dem System verstöpselt. Unsere Gehirne können gekapert werden. Unsere Entscheidungen sind nicht so frei, wie wir annehmen."

Tristan Harris ist nicht der einzige Tech-Aussteiger, der gegen die Geister kämpft, die er dereinst rief. Justin Rosenstein, der für Facebook den Like-Button erfand, hat sich von seinem Assistenten eine Kindersicherung auf dem Smartphone einrichten lassen, die ihn davon abhält, neue Apps zu installieren. Rosensteins ehemalige Kollegin Leah Pearlman benutzt heute eine Browsererweiterung, die ihren Facebook-Newsfeed blockiert. Nir Eyal, der viele Jahre als Berater im Silicon Valley arbeitete und den erfolgreichen New-Economoy-Ratgeber *Hooked. Wie Sie Produkte schaffen, die süchtig machen* schrieb, hat seinen Router zu Hause an eine Zeitschaltuhr angeschlossen, die seine Internetverbindung vorprogrammiert unterbricht. Und Loren Britcher, der als Erfinder der Pull-to-Refresh-Funktion gilt, also jener Zieh-Geste, mit der man bei fast allen Apps die Inhalte aktualisiert, versperrt sich selbst den Zugang zu bestimmen Websites, hat Push-Benachrichtigungen deaktiviert und chattet mit niemandem mehr – außer mit seiner Frau und zwei engen Freunden. „Ich habe inzwischen zwei Kinder und bereue jede Minute, in der ich ihnen keine Aufmerksamkeit schenke, weil mich schon wieder das Smartphone absorbiert", sagte er 2017 dem Guardian. „Smartphones sind nützlich. Aber sie machen süchtig." Das klingt deprimierend, aber noch viel deprimierender ist die Tatsache, dass es die Funktion überhaupt nur noch wegen dieses Suchtpotenzials gibt, denn eigentlich könnten Apps sich heute ganz einfach selbst aktualisieren. Sie wird nicht abgeschafft, weil wir uns daran gewöhnt haben, sie wieder und wieder und wieder zu betätigen – wie jene traurigen Gestalten, die in Las Vegas stundenlang die Hebel der einarmigen Banditen ziehen.

Es trifft Sie also eigentlich gar keine Schuld, wenn Sie sich schwer damit tun, dem Smartphone einfach mal keine Beachtung zu schenken.

Wer sich klarmacht, dass er nicht einem einzelnen Gegner gegenübersteht, sondern einer ganzen Industrie, die nichts anderes im Sinn hat, als unsere Aufmerksamkeit zu kapern und dann möglichst lange zu beanspruchen, der versteht, warum es ihm so schwerfällt, einfach mal nichts zu tun oder sich auf ein gutes Buch zu konzentrieren, während sein Smartphone in Griffweite liegt. Es ist, als würde jemand auf Diät versuchen, sich mit einem schönen Apfel zu begnügen, während einem der beste Patissier der Welt einen Teller mit fantastisch duftenden Schokoladenkeksen unter die Nase schiebt.

Längst gibt es Entwöhnungsprogramme für Menschen, die ihre Smartphonesucht erkannt haben. Es gibt Digital-Detox-Camps und Acht-Punkte-Pläne für alle, die das Gefühl haben, die Nutzung des kleinen Geräts in ihrer Hosentasche nicht mehr unter Kontrolle zu bekommen. Die Medien sind voll von Selbsterfahrungsberichten über Tage und Wochen ohne Smartphone, die sich tatsächlich wie Suchtklinik-Reports lesen, nur noch furchterregender. Doch sie alle enden damit, dass die Betroffenen beschreiben, wie wohltuend und befreiend das neue Handyfasten ist.

Es hilft also nichts: Wer abnehmen will, sollte darauf verzichten, stets eine offene Tüte Gummibärchen in der Tasche zu führen. Und wer abschalten will, sollte mit seinem Smartphone beginnen. Und das geht! Stellen Sie sich einfach vor, Sie hätten sich in diesem Urlaub zu einer Nanga-Parbat-Besteigung aufgemacht oder ein Retreat im Schweigekloster gebucht – da hätten Sie vermutlich auch kein Netz, und die Welt müsste ebenfalls auf Sie verzichten! Wenn Sie wirklich meinen, das sei nicht möglich, schalten Sie es auf lautlos, blockieren Sie sämtliche Push-Mitteilungen und deinstallieren Sie überflüssige Apps – allein das kann schon Wunder wirken. Oder schalten Sie Ihr Handy einfach mal in den Schwarz-Weiß-Modus, ein grauer Bildschirm ist gleich viel weniger interessant, ganz egal, was darauf passiert.

Mit diesen Strategien fahre ich zumindest ganz gut. Tagsüber bin ich ohnehin nicht online, denn ich verstecke mich zum Schreiben in der Bibliothek, wo ich bewusst keinen Internetzugang eingerichtet habe, was in Sachen Konzentrationsfähigkeit wahre Wunder bewirkt. Bis vor ein paar Monaten hatte ich obendrein nur ein billiges, einfaches Handy ohne Internet, Kamera oder auch nur der alten T9-Texteingabe. Erst als meine Umwelt meine Unerreichbarkeit irgendwann nicht mehr zumutbar fand, habe ich mich notgedrungen für ein billiges, vorsintflutliches Blackberry-Smartphone entschieden. Damit kann ich nun auch unterwegs E-Mails und WhatsApp-Nachrichten lesen, das jedoch auf einem so winzigen Bildschirm, dass es eine Qual ist, weshalb ich das Gerät wirklich nur im Notfall zur Hand nehme. Ich habe keine Apps darauf installiert, kein Facebook, kein Instagram, keine Nachrichten – wenn ich mich während einer U-Bahn-Fahrt ein bisschen ablenken will, ist da einfach nichts, was Spaß machen würde. Zudem habe ich immer noch einen alten Handyvertrag ohne Daten-Flatrate und wähle mich niemals in öffentliche WLAN-Hotspots ein, weshalb ich jede Internetnutzung bezahlen muss, was mich noch einmal diszipliniert (auch wenn ich mich damit an meinen Vater erinnert fühle, der beim Bäcker nie sein Lieblingsbrot kauft, weil er sonst zu viel davon isst).

Harald Martenstein

Quality Time

Mein kleiner Sohn hat kürzlich zum ersten Mal eine Geschichte erzählt. Sie geht so: „Vogel. Baum. Hoch. Vogel weg." Als er dieses hochkonzentrierte, stilistisch unangreifbare Stück Literatur über die Flüchtigkeit alles Fliegenden erzählte, war ich nicht da. Ich habe im Büro gesessen und geschrieben.

Leute, die Kinder haben und viel arbeiten, erzählen manchmal von der sogenannten „Quality Time", die sie mit ihren Kindern verbringen. Es sei nicht viel Zeit, ja, sicher, aber diese Zeit sei dafür besonders intensiv. Sie würden sich in dieser Zeit ganz und gar auf das Kind einlassen.

Alles, was Kinder zum ersten Mal tun, geschieht als Premiere nur dieses eine Mal, man ist entweder dabei oder nicht. Alle neuen Erfahrungen und prägenden Erlebnisse ereignen sich ein Mal. Der Film lässt sich nicht zurückspulen. Es gibt nur diese eine Chance. Und es ist nie vorherzusehen, wann sie kommt, denn Kinder können sich nicht nach deinem Terminkalender richten. Du kannst fast alle Arbeiten verschieben, fast alles im Leben lässt sich wiederholen, aber der Moment, in dem dein Kind die ersten Schritte tut, ist einmalig. Da war ich übrigens dabei.

„Quality Time" ist die Umschreibung eines Selbstbetrugs. In Wahrheit hängt die Qualität dieser Beziehung, der Beziehung zum Kind, ziemlich stark von der Zeitmenge ab, die man dafür hergibt. Auch die Zeit, in der nicht Großartiges passiert, ist von Bedeutung. Man ist einfach nur da, das ist auch gut. Bei Paaren ist es doch genauso. Die eine Person liegt auf dem Sofa und liest, die andere Person steht in der Küche und kocht, sie reden oder schweigen, das ist auch gut.

Ein Vollzeitberuf und Kinder lassen sich nicht auf befriedigende Weise miteinander verbinden. Und ich glaube, dass es schöner und wertvoller ist, mit seinem Kind zusammen zu sein, als einem ungeliebten, womöglich nicht mal gut bezahlten Job nachzugehen. Wer den Leuten einredet, dass beide Eltern arbeiten müssen, egal was, alles andere sei falsch, verbreitet eine nicht sehr menschenfreundliche Ideologie.

Aber was, wenn man den Beruf liebt? Bei mir ist das der Fall. Ich schreibe gern, ich lese gern vor. Meistens. Jede Arbeit ist natürlich manchmal unangenehm, das gilt ebenso für die Zeit mit den Kindern, da herrscht auch nicht immer Idylle.

Aber ich habe ständig ein schlechtes Gewissen. Wenn ich schreibe, wäre ich gern mit dem Kleinen zusammen und würde seinen Geschichten zuhören. Wenn ich dann auf dem Spielplatz bin, muss ich mich zwingen, nicht an meine To-do-Liste zu denken, die inzwischen fast so lang ist wie ein Harry-Potter-Roman. Jeder, der in einer ähnlichen Lage ist, kennt das. Es gibt keine Lösung, nur Kompromisse, nur halbe Sachen. Und das Verrückte ist: Besser geht es nicht. Wenn ich die traditionelle Männerrolle spielen und den Kleinen nur selten sehen würde, wäre das für mich das viel größere Unglück. Und wenn ich das Schreiben aufgeben und nur noch für ihn da sein würde, dann wäre das auch ein Unglück, wenngleich ein kleineres als im ersten Fall. Besser als jetzt geht's nicht.

Ein ähnlich fragwürdiges Wort wie „Quality Time" heißt „Selbstverwirklichung". Man soll, steht auf der Homepage des Psychologen Rolf Merkle, in sich hineinhören und sich fragen: Wie möchte ich leben? Was ist mir wichtig? „Das beginnt schon am Morgen. Stehe ich auf oder bleibe ich liegen?" Die Frage, ob ich aufstehen will, stellt sich mir nie. Wenn es im Leben mehrere Dinge gibt, die einem wichtig sind, diese Dinge sich aber widersprechen, dann sollte man das Wort „Selbstverwirklichung" aus dem Vokabular streichen.

Lisa Ortgies

Immer auf Sendung –
Urlaub von der Welt

Ende der Achtziger habe ich mal für Jim Jarmusch geschwärmt. In Schauspieler kann sich ja jeder verknallen, ich fand Regisseure viel interessanter. Jarmusch war schon damals auf erfrischende Weise vorgealtert. Ein als Teenager ergrauter Mann, der gleichzeitig erwachsen und ewig jugendlich war. Und der „keine Ahnung" hat, was seine Filme bedeuten. Eine Verheißung für alle, die ihre Reifezeit nie beenden möchten. Der Mann ist jetzt 65 und immer noch unverschämt cool. Jarmusch macht Filme über einzigartige Menschen in seltsamen Situationen – oder umgekehrt. Streifen, die irgendwie aus der Zeit gefallen sind. Nur er kann so konzentriert und versunken ein Gesicht oder eine Szene zelebrieren. Er ist ein Buddha aus Ohio.

Damals wollte ich so sein wie er, so unglaublich gelassen, stoisch und reduziert. Hat nie geklappt, im Gegenteil. Im Vergleich zu Jarmusch war ich schon immer ein nervliches Wrack. Um wenigstens ab und zu mal runterzukommen, habe ich in den vergangenen 30 Jahren keines seiner Werke ausgelassen.

Ich sitze also auch mit 50 Jahren in seinem Film über den jungen „Paterson", einen Busfahrer, der in der gleichnamigen Kleinstadt „Paterson" wohnt, mit einer jungen Frau zusammenlebt, die keinen Job hat und dafür jeden Tag die Wohnung neu gestaltet. Der Kerl wacht jeden Morgen um Punkt sechs Uhr neben seiner Freundin auf, schlendert mit seiner Frühstücksbox zum Busbahnhof, macht seinen Job, geht mit dem Hund Gassi, trinkt jeden Abend in derselben Kneipe ein Bier und unterhält sich mit dem Barkeeper. In den Pausen schreibt Paterson Gedichte. Wenn man davon absieht, dass der Bus irgendwann eine Panne hat und einmal einer der Kneipengäste ausrastet, geschieht in diesem Film nichts. Ach doch – der Hund verspeist das Notizbuch mit seinen handgeschriebenen Gedichten.

Ich war als Zuschauerin selten so genervt von einem Film. Ich habe überlegt, ob ich rausgehen soll, und bin über diesem Gedanken kurz eingenickt. Am nächsten Tag habe ich jedem, der es nicht hören wollte, erzählt, dass Jim Jarmusch nun tatsächlich alt geworden ist. Alt und belanglos.

Am übernächsten Tag frage ich mich beim Aufwachen, warum mir der Film nicht aus dem Kopf geht, und stelle plötzlich fest, dass in der Handlung weder Smartphones noch Computer vorkommen. Es gibt keine einzige Szene, in der irgendjemand auf einen großen oder kleinen Bildschirm schaut. Paterson und seine Freundin sind vollkommen unproduktiv, selbstgenügsam und haben keine Ziele für die Zukunft. In ihrem Leben und in ihrer Stadt gibt es keine Unruhe, keinen Laufschritt, keine Ablenkung, das ganze Leben spielt sich in immer denselben Straßenzügen ab. Die Menschen in Paterson haben nicht viel zu sagen, aber wenn, dann hören sie einander zu. Niemand hinterfragt sein Leben oder träumt von etwas Besserem. Außer guter oder schlechter Laune gibt es keine weiteren Optionen.

Anders ausgedrückt, und das ist das Irritierende an „Paterson": Es herrscht ein zufriedener Stillstand.

Also das Gegenteil von dem Leben, das wir alle kennen und ansteuern. Stillstand ist mehr oder weniger gleichbedeutend mit Tod. Oder noch schlimmer: Langeweile. Vor nichts haben wir mehr Angst. Wir leben sogar in ständiger Furcht davor, dass unsere Kinder sich langweilen könnten. Bei dem Versuch, sich vor diesem Zustand zu schützen, stopfen wir ihren Terminplan voll und gleichzeitig unseren eigenen, wie all die Trainings-, Fruhforderungs-, Tanz-, Klavier- oder

Nachhilfestunden organisiert und die Kinder chauffiert werden müssen.

Seit der gebundene Terminkalender von einem elektronischen abgelöst wurde, hat sich die Organisation des Alltags selbst zu einem kleinen Wettkampf entwickelt. Der durchaus Spaß machen kann, wenn man es sportlich nimmt. Man muss nur schneller sein als der andere. Mein Mann und ich schicken uns gegenseitig Termine über Outlook. Wer zuerst mit einem „Pling" im Kalender des anderen anklopft, kriegt den Zuschlag. Der andere bleibt bei den Kindern oder muss eine Betreuung bzw. Verabredung organisieren. Im Kalender erscheint zunächst eine Terminfrage, die man „annehmen", „ablehnen" oder mit „vielleicht" beantworten kann. Alles andere als „annehmen" führt innerhalb kurzer Zeit zu einem Anruf der Gegenseite, und weil wir beide am Schreibtisch sitzen, wird das Gespräch schnell hektisch und angespannt. Oft legt einer mittendrin beleidigt auf, was dazu führt, dass danach beide im jeweiligen Büro sitzen, vor sich hin grummeln und schlagfertige Argumente ausgrübeln, statt zu arbeiten. Bei Anfragen für private Termine wird manchmal noch per WhatsApp nachgehakt: „Muss das sein? Den hast du doch erst vor vier Wochen getroffen!" Im ungünstigsten Fall entspinnt sich auch daraus eine kleine Gerechtigkeitsdiskussion, die unterm Strich mehr Nettozeit kostet, als wenn man von vornherein miteinander telefoniert und die Terminabsprachen handschriftlich in einen Papierkalender eingetragen hätte.

Dass nebenbei auch noch Facebook-, Twitter- und WhatsApp-Accounts bedient werden müssen, unter anderem, um über Klassenarbeiten und Fußballturniere auf dem Laufenden zu sein, verschärft die enge Taktung. Am Ende einer durchschnittlichen Arbeitswoche schiebt jeder eine kleine Bugwelle an unerledigten Jobs oder Aufträgen vor sich her, die auch am Wochenende nicht schrumpft, denn dann müssen wir uns ja möglichst effektiv von dem ganzen Stress erholen und maximal viel „qualitiy time" in die zwei Tage packen. Auf keinen Fall so etwas wie gemeinsames Chillen auf dem Sofa, Döner, Pizza, Cola … das wäre zu nah an RTL 2. Es muss irgendwie Bewegung rein, ob sportlich oder geistig. Ein Wochenende ohne Laufen, Gartenarbeit, Aufräumen, Radfahren, ein Museum, eine Doku oder Gedächtnisspiele usw. ist ein verschwendetes Wochenende.

Und Ferien ohne einen genau geplanten Urlaub eine Katastrophe. Im November des Urlaubsvorjahres beginnt so langsam die Internetrecherche. Die Suche nach dem Paradies. Ein allein stehendes Häuschen wäre ideal, nicht zu weit vom nächsten Restaurant, von einer Schlossruine und vielen Einkaufsmöglichkeiten, ungefähr 100 Meter bis zu einem einsamen Strand und inmitten unberührter Natur. Ach so – mit einem eigenen Pool wäre toll, muss aber bezahlbar bleiben. Wenn Siri ein Mensch wäre, würde sie sich vor unseren Suchanfragen verstecken. Eine Zeit lang macht es Spaß, sich im Internet seiner Sehnsucht nach einem ruhigen und besseren Leben hinzugeben, aber irgendwann weicht der Drang nach der einen perfekten Location einer frustrierenden Leere. Es summieren sich die Stunden und Abende, an denen man Dutzende der unendlich vielen kleinen blauen oder roten Fähnchen mit Ferienhausangeboten auf der Google-Map anklickt und ein neues Fenster mit dem nächsten Versprechen öffnet. Der Weg ist das Ziel und in diesem Fall ist die Recherche schon der halbe Urlaub. Zeitlich betrachtet. Am Ende scheitert es an Details wie einer fehlenden Spülmaschine und wir springen zum nächsten Fähnchen. Bis die Landkarte immer leerer wird, uns nach und nach die perfekten und dann die fast perfekten Häuser weggeschnappt werden, weil auch Weihnachten ohne eine Buchung vorbeiging, es inzwischen Frühling geworden ist und wir immer noch nicht das optimale Feriendomizil gefunden haben. Anfang Juni verliere ich meistens die Nerven und buche das nächstbeste Angebot.

Auf diese Weise haben wir den einen oder anderen Urlaub in überteuerten, engen oder dunklen Urlaubshütten verbracht. Egal, Hauptsache zusammen. Auch wenn doch Arbeit mitgenommen werden musste, weil der Urlaub zwar im Kalender steht, am Ende aber doch immer überraschend kommt.

Solange das WLAN funktioniert, muss zumindest keiner zwischendurch nach Hause fliegen. Selbst wenn über die Qualität der Internetverbindung im Katalog gar nichts – oder etwas anderes – zu lesen war: Mein Mann musste hier und da auf den nächsthöheren Hügel oder das nächstgelegene Internetcafé oder auf die Dachterrasse eines spanischen Ferienhauses ausweichen. Den spektakulären Ausblick konnte er leider nicht genießen, sonst hätte er den Moment verpasst, in dem es „Zuschsch" macht, in dem die Mail doch noch das Postfach verlässt. Der Rest der Familie konnte von unten eine langsame Choreografie beobachten. Wie mein Mann das Laptop auf einem Arm balancierte, während er mit dem anderen das Handy ans Ohr hielt, den Kopf schräg gelegt, und in dieser Haltung die Terrasse abschritt. Von Ecke zu Ecke. Immer wieder hielt er plötzlich inne und schwang federnd zurück, vermutlich weil der Verbindungsbalken plötzlich hochschnellte.

Ich winkte ihm zu, als ich mit den Kindern das Haus in Richtung Strand verließ. Und hoffte, dass er nicht zurückwinkt, denn das hätte ihn in seiner Verrenkung aus der Balance gebracht. Zwei Stunden später kamen wir zurück, und er war immer noch da oben. In einer Ecke, in der der Satellit ihn zu finden schien – sonnenverbrannt und hungrig, aber zufrieden…

Mitunter macht der fehlende Empfang sogar aus einem Passiv- einen Aktivurlaub. Einmal hatten wir ein norwegisches Ferienhaus ohne WLAN, fließendes Wasser und Strom gemietet, um einmal tatsächlich und wirklich offline zu sein, der Hektik und der ständigen Erreichbarkeit zu entkommen und uns auf stillen Kanufahrten an Biber heranzuschleichen.

Aber nach wenigen Tagen fingen wir an, nach dem Fleckchen mit Internetempfang zu suchen, von dem uns der Hüttenbesitzer erzählt hatte, und nach ein paar Stunden des Umherirrens, das Handy immer vor der Nase, wurden wir fündig – auf der gegenüberliegenden Seite des Sees. Blöderweise stand das Auto mit der batteriebetriebenen Handyladestation wiederum am anderen Ufer, sodass wir zuerst dorthin mussten, bevor wir quer über den See zu unserem Hotspot rudern konnten. Es war anstrengend, und trotzdem: Am Ende eines solchen Tages, fernab der Zivilisation, umgeben von lachenden Bibern, waren wir erschöpft und glücklich.

Vor allem die Kinder, die zum ersten Mal erleben durften, wie erfüllend ein Alltag in der Natur sein kann, ohne einen großen oder kleinen Bildschirm, ohne elektronische Unruhe. Wie ein Urlaub bei Paterson.

Dietmar Bittrich

Wellness mit greisem Wärter

Zu den kostbaren Ruhezonen auf einer Reise gehört das Museum. Im Gegensatz zu Kirchen und Burgruinen ist es angenehm klimatisiert, bietet im Sommer noble Kühlung, im Winter kultivierte Wärme. Die Luft ist nicht zu trocken, nicht zu feucht. Die Einrichtung wirkt ansprechend, oft hängen sogar Gemälde an den Wänden. Die Sitzgelegenheiten sind rar, jedoch häufig gepolstert, die Toiletten schwer zu finden, aber immer sauber.

Und vor allem ist es still. Sehr still. Im Museum können wir endlich jene Erholung finden, derentwegen wir ursprünglich verreist sind. Natürlich wirkt Entspannung nicht in jeder Abteilung. Sofern wir im Prado versehentlich den Velazquez-Sälen zu nahe kommen oder uns in Amsterdam Richtung Nachtwache verirren, sind wir übel dran. Da werden wir geschubst und geschoben, müssen hochspringen, um den Ausgang zu erspähen, bevor wir uns den Litaneien der Experten und dem Dunst ihrer Opfer entziehen können. Dergleichen Strapazen gilt es auszuschließen.

Deshalb ermitteln wir stets schon am Eingangstresen, welche Säle berühmte Werke aufweisen und deshalb zu meiden sind. Im Louvre wird es uns leicht gemacht. Wie bei einer Einbahnstraße leiten Pfeile zwingend zur Mona Lisa. Wenn wir in die Gegenrichtung streben, gelangen wir unweigerlich in die Gefilde der Seligen. Also zu jenen Malern, die weder Tizian noch Rubens heißen und dafür zu Recht mit Missachtung gestraft werden.

Dort können wir uns setzen und in idyllischer Ruhe unseren Müsliriegel verzehren. Gelegentlich mag ein Besucher in den Raum treten; er wirft nur pflichtschuldigst einen Blick in die Runde, prüft ein paar Namensschilder und geht dann schnell weiter. Falls er erstaunt zurücktritt und ein Bild länger betrachtet, dabei sogar anerkennend nickt, müssen wir allerdings darauf gefasst sein, dass wir versehentlich doch bei einem kleinen Rembrandt gelandet sind. Dann hilft es nichts, wir müssen weiter zurück in der Kunstgeschichte.

Nach meiner Erfahrung wird es Richtung Renaissance immer ruhiger, und im Mittelalter herrscht das Schweigen ewiger Grüfte. Mildes Licht. Stummes Wissen. Frieden. Wie aus seinem eigenen Grabmal erhebt sich ein greiser Wärter, der diese Abteilung bereits von seinen Ahnen geerbt hat und nie dem Tageslicht ausgesetzt war. Verständnislos blickt er uns an, wir nicken ihm zu und wenden uns dann kennerisch einer feingliedrigen Madonna nebst Stifterfiguren zu. Der Wärter rafft sich auf und zieht knarrend Kreise.

Es ist wie damals in der Schule: Wir müssen einen interessierten Blick wahren, bis der Lehrer uns für harmlos hält. Wenn wir aus dem Fokus seiner Aufmerksamkeit entlassen sind, können wir uns zur Ruhe setzen. So auch bei dem Wärter. Es ist möglich, dass wir erst gemessen von einem goldgrundigen Meister zum anderen schreiten müssen, durchschnittliche Verweildauer neunzig Sekunden, bevor der Wärter von unserer lauteren Absicht überzeugt ist und in einen Nebenraum abwandert; auch er will schließlich nur schlafen.

Falls er hingegen nicht von unserer Seite weicht oder uns sogar anspricht, weil er so selten Besuch kriegt, falls er womöglich mit eigenem Wissen prunken will, müssen wir weiter. Es geht schließlich um unser Glück, nicht um seines. Ich empfehle die Abteilungen mit Eingeborenen-Kunst. Die lockt nun wirklich niemanden, und auch das anwesende Personal ist stets in sprachloses Desinteresse versunken. Während in den Gemäldeabteilungen alle Besucher insgeheim im Verdacht stehen, sie wollten die Werke entwenden, zerschlitzen oder wenigstens besprühen, kann sich das in den Eingeborenen-Abteilungen beim besten Willen niemand vorstellen.

Der Wärter nimmt unser Eintreten als Signal dafür, abgelöst zu werden, und zieht sich sofort zurück. Wir sind allein zwischen afrikanischen Masken, mikroskopischem Elfenbeinschmuck und javanesischen Schatten. Alles ist zu unserem Schlummer hergerichtet. Mag es in fernen Räumen summen. Irgendwo heucheln unerfahrene Touristen Interesse für Informationen, die sie noch vor dem Verlassen des Museums wieder vergessen.

Wir sind erfahren und deshalb ehrlich. Wir wollen nur zu uns selbst kommen. Dazu ist der Urlaub da. Die größte Offenbarung, spricht der Weise, ist die Stille. Im Kurort Museum finden wir sie. Willkommen nun, o heilsamer Schlummer!

Martin Suter

Der wahre Luxus

Klar, so ein Maybach mit Internetzugang und Drucker und alle Chromzierteile im Innenraum mit einer 24-Karat-Echtgold-Auflage vergoldet und überall doppelt gesteppten Ledernähten und hochflorigen Lammfellteppichen und Zimmermanns reliefartig in die Türverkleidung eingearbeiteten Initialen wäre schon okay. Auch zu einer Motorjacht wie der WallyPower 118 von Luca Bassani mit 17.000 PS und einer Spitzengeschwindigkeit von über 120 Kilometer pro Stunde würde Zimmermann nicht Nein sagen. Und auch mit einer Vacheron Constantin Les Complications mit ewigem Kalender, Sprengdeckelboden aus Saphirglas und Gehäuseboden mit individuellem Dekor am Handgelenk würde er sich nicht allzu blöd vorkommen.

Auch ein Haus auf dem Suvrette-Hang über St. Moritz besitzen und es nie benutzen kommt Zimmermanns Vorstellung von Luxus sehr nahe. Und dazu eine nette Loft in der City, von der Sonja nicht weiß und in der sich eine Studentin aus der Ukraine rührend um die Pflanzen kümmert.

Aber seien wir ehrlich: Das alles ist nicht der wahre Luxus.

Der wahre Luxus ist Zeit.

Aber einer, der für ein Unternehmen auf dem Befestigungssektor mit über dreihundert Mitarbeitern verantwortlich ist, findet nicht einmal die Zeit, sich darüber bewusst zu werden, dass er keine hat. Noch ehe am Morgen nullsechsnullnull der Wecker richtig zu klingeln beginnt, hat er ihn schon zum Schweigen gebracht und ist aus der Tür, spült schon die Toilette, duscht schon den Rasierschaum ab, wählt schon die Krawatte, trinkt schon den Espresso, küsst Sonja schon goodbye.

An jeder roten Ampel ein paar Sekunden Aktenstudium, kein Kilometer ohne ein paar digitale Voice-Notizen. Und kurz darauf am noch verwaisen Empfang vorbei die acht Stockwerfe hinauf in gestoppten hundertzwölf Sekunden (Bestzeit).

Wenn Frau Gärtner eintrifft, liegt sein digitaler Voicerecorder (kein Luxus) volldiktiert auf ihrem Schreibtisch, als würde Zimmermann ihr im Laufe der normalen Arbeitszeit auch nur eine Sekunde Zeit lassen, dessen Inhalt abzutippen.

Als Erstes revidieren sie zusammen die Termine des Tages, streichen ein paar, stellen ein paar um und quetschen noch ein paar weitere rein. Dazu nimmt Zimmermann ein Croissant, seinen zweiten Kaffee und seine ersten beiden Rennie Duo.

Bis Mittag ist er damit beschäftigt, den Überblick über die Meetings zu bewahren und deren Traktanden auseinanderzuhalten. Während der Mittagspause leitet er mit vollem Mund (zwei Sandwiches, einmal Thun, einmal Käse, plus zwei Diet Cokes) ein Spontanmeeting, während im Vorzimmer Frau Gärtner die Voice-Notizen nicht in den Computer übertragen kann, weil bereits die Teilnehmer des nächsten Meetings warten, das schon längst begonnen haben müsste, falls das übernächste sich nicht hoffnungslos verspäten soll.

Und so verfliegt auch der Nachmittag. Erst wenn die letzte Fehlentscheidung seines oberen Kaders vermieden, dessen letzter Denkfehler aufgedeckt und dessen letzte Fehlmaßnahme korrigiert ist, kann Zimmermann sich seiner eigentlichen Aufgabe zuwenden: dem Strategischen. Und das tut er dann nicht selten bis tief in die Nacht hinein.

Am Ende eines solchen Tages, als schon die Putzmannschaft durch die Etage geistert und Frau Gärtner endlich vor dem Bildschirm sitzt und den Kopfhörer an den Voicerecorder anschließt, fasst Zimmermann einen radikalen Entschluss:

Er nimmt seine Agenda und schreibt mit fettem Filzstift in jeden Tag der nächsten drei Monate zwischen neunzehn Uhr und neunzehn Uhr fünfzehn: „Zeit!"

Jan Weiler

Camping-Kompetenz

Urlaub: Das große Sommer-Festival des Reklamierens. Ich gehe fest davon aus, dass 41,6 Prozent der Deutschen am Ende der Ferien eine Mängelliste ausdrucken, mit der sie beim Veranstalter vorstellig werden, um den Preis rückwirkend zu drücken. Hotel zu laut, Essen zu schlecht, Akropolis zu voll, Zoll zu streng. Menschen, die sich über nichts beklagen, sind meistens Camper. Sie lieben es, den ganzen Urlaub über Missstände zu beheben. Ameisen in der Butter, Holländer im Bett, Reifen platt. Das sind Aufgaben, die den Zeltlageristen zu Höchstleistungen anspornen. Vati schläft nie, jedenfalls nicht, solange er nachts mit dem Esslöffel einen Graben um die Parzelle ausheben muss, damit nicht alles vollläuft. Die klamme Socke gehört ebenso zur Paradeuniform des Campingfreundes wie atmungsaktive Textilien und Kopfbedeckungen, für die man sonst im Alltag fristlos entlassen würde.

Für mich ist das nichts. Ich möchte nicht ständig über Dinge reden, die man irgendwie bewältigen muss. Ich möchte nichts zusammenklappen, nichts rumtragen und nichts aufpumpen. Unser Sohn Nick hat mich darüber aufgeklärt, dass man diese Vorzüge genießen kann, wenn man sich für Glamping entscheidet, also für die Luxus-Variante des Camping. Das mag schon sein, aber selbst in trockenen Socken möchte ich niemandem dabei zusehen, wie er sein Chemoklo reinigt. Außerdem würde ich nie mit Nick auf einen Campingplatz fahren, weil er ständig was zu meckern hat.

Gerade eben hat er bei mir den Kauf eines Brotes reklamiert, weil es ein großes Loch aufwies. Stimmt schon: Der italienische Bäcker ist, was die Herstellung von Brot angeht, nicht unbedingt von Ehrgeiz zerfressen. Es ist sehr schwer, in diesem Land ein Brot zu finden, das aufregender schmeckt als eine polnische Weihnachtshostie. Wenn man fündig wird und ein recht leckeres apulisches Weißbrot auftreibt, sollte man das riesige Loch im Inneren der Backware demütig akzeptieren und nicht herumnörgeln.

Insofern habe ich durchaus etwas mit Campingmenschen gemein: Ich finde mich mit den Gegebenheiten ab, die ich vorfinde. Ein Beispiel: Seit wir wissen, dass hinten im Garten bei der Mauer eine Viper wohnt, gehen wir nicht mehr hinten in den Garten. Wir benutzen nur noch ungefähr zwanzig Prozent des gemieteten Grundes, aber wir sind uns näher. Und bevor wir in den Pool gehen, machen wir Lärm, weil ich gelesen habe, dass die Viper dann abhaut. Möchte jemand ins Wasser, scheppern wir erst mit Töpfen und Pfannen. Dies geschieht mehrmals am Tag und die italienischen Nachbarn finden uns ziemlich interessant, glaube ich. Ich finde auch okay, dass das WLAN wackelig und ständig vom Aussetzen bedroht ist. Im Gegensatz zu den Kindern genieße ich dies, weil ich dann weniger Unsinn von zu Hause mitkriege. Zum Beispiel Tweets der karpfenösen Beatrix von Storch. Ich kann mir gar nicht vorstellen, dass es tatsächlich Menschen wie sie gibt, die zu nichts anderem als Bosheit und Häme imstande sind. Solche Figuren gibt es ja eigentlich nur in Märchen.

Das Sommer-Interview ihres Kollegen Gauland hingegen erreichte mich in voller Länge und man könnte die Ahnungslosigkeit des gruseligen Granden ja durchaus sympathisch finden, wenn er nicht im Bundestag säße. Dort bildet ein zumindest basales Interesse an politischen Vorgängen und gesellschaftlichen Themen eigentlich so etwas wie eine Arbeitsgrundlage. Ich sah es, ärgerte mich darüber, zog den Router aus der Wand und versteckte ihn in der Nähe der Viper. Da traut sich niemand hin. Problem gelöst. Endlich Ruhe. Herrliche Ferienzeit!

Quellen

Dietmar Bittrich: Wellness mit greisem Wärter, aus: Dietmar Bittrich, Müssen wir da auch noch hin? Kurze Geschichten vom Reisen. © 2019 mit freundlicher Genehmigung von dtv Verlagsgesellschaft mbH & Co. KG, München

Heinrich Böll: Anekdote zur Senkung der Arbeitsmoral, aus: Heinrich Böll, Werke. Kölner Ausgabe, Band 12. 1959-1963. Herausgegeben von Robert C. Conrad.
© 2008, Verlag Kiepenheuer & Witsch GmbH & Co.KG, Köln

Horst Evers: Mehr vom Tag, aus: Horst Evers, Gefühltes Wissen.
© beim Autor

Amelie Fried: Endlich frei!, aus: Amelie Fried, Wildes Leben. Späte Einsichten und verblüffende Aussichten.
© 2011 Wilhelm Heyne Verlag, München, in der Verlagsgruppe Random House GmbH

Wladimir Kaminer: Arbeit im vorigen Jahrhundert, aus: Wladimir Kaminer, Es gab keinen Sex im Sozialismus. © beim Autor

Björn Kern: Kleine Morgenmeditation, aus: Björn Kern, Das Beste, was wir tun können, ist nichts.
© 2016 S. Fischer Verlag GmbH, Frankfurt am Main

Marc-Uwe Kling: Prolog im Wohnzimmer, aus: Marc-Uwe Kling, Die Känguru-Chroniken.
© 2009 in der Ullstein Buchverlage GmbH, Berlin

Harriet Köhler: Tag 2: Offline gehen, aus: Harriet Köhler, Gebrauchsanweisung fürs Daheimbleiben.
© 2019 Pieper Verlag GmbH, München

Ildikó von Kürthy: Hauptsache, gut geschlafen? © bei der Autorin

Käthe Lachmann: Man(n) müsste mal… © bei der Autorin

Harald Martenstein: Quality Time, aus: Harald Martenstein, Jeder lügt so gut er kann. Alternativen für Wahrheitssucher. © 2018 C. Bertelsmann Verlag, München, in der Verlagsgruppe Random House GmbH

Lisa Ortgies: Immer auf Sendung – Urlaub von der Welt, aus: Lisa Ortgies, Ich möchte gern in Würde altern, aber doch nicht jetzt. Erwachsensein für Profis. © 2019 Verlag Kiepenheuer & Witsch, GmbH & Co. KG, Köln

Hans Rath: Gott ist erfinderisch (Auszug), aus: Hans Rath, Und Gott sprach: Wir müssen reden! © 2012 Rowohlt Verlag GmbH, Hamburg

Till Raether: Nicht schlafen, aus: Till Raether, Ich werd dann mal… © 2019 Rowohlt Verlag GmbH, Hamburg

Martin Suter: Der wahre Luxus, aus: Martin Suter, Unter Freunden und andere Geschichten aus der Business Class. © 2007 Diogenes Verlag AG, Zürich

Heike Wanner: Countdown im Büro, aus: Heike Wanner, Mein Teilzeittagebuch. Humorvolle Geschichten. © 2015 dotbooks GmbH, München

Jan Weiler: Camping-Kompetenz. © beim Autor

Wir danken den Autoren und Verlagen für die freundliche Abdruckgenehmigung.